DIREITO E SAÚDE MENTAL

à luz da Lei 10.216 de 06 de abril de 2001, de acordo com o Novo Código de Processo Civil (Lei n. 13.015 de 16 de março de 2015) e com o Estatuto da Pessoa com Deficiência (Lei n. 13.146 de 06 de julho de 2015)

ANTONIO CARLOS SANTORO FILHO

DIREITO E SAÚDE MENTAL

à luz da Lei 10.216 de 06 de abril de 2001, de acordo com o Novo Código de Processo Civil (Lei n. 13.015 de 16 de março de 2015) e com o Estatuto da Pessoa com Deficiência (Lei n. 13.146 de 06 de julho de 2015)

2ª edição revista, atualizada e ampliada
2019
São Paulo – SP

Verlu Editora

Verlu Editora.
Rua Vergueiro, n. 3142, cj. 22
CEP – 04101-300 – São Paulo-SP
Site: **www.verlueditora.com**
e-mail: **verlu@verlueditora.com**

DEDICATÓRIA

*A todos aqueles que apesar das dificuldades lutam pela promo-
ção da cidadania e saúde mental.*

APRESENTAÇÃO
DO AUTOR

Antonio Carlos Santoro Filho é autor dos livros:

Introdução Crítica ao Direito Criminal – exclusividade Amazon, livro digital, 1ª edição (Verlu Editora, 2019)

Planos de Saúde nos Tribunais – exclusividade da Amazon, livro digital, 2ª edição revista, atualizada e ampliada (Verlu Editora, 2019)

O Visitante – exclusividade da Amazon, livro digital, 2ª edição, revista e atualizada, (Verlu Editora, 2019)

O Sentido de Ser Pessoa – exclusividade da Amazon – livro digital, 2ª edição, revista e atualizada (Verlu Editora, 2019)

Teoria do Crime - exclusividade da Amazon nas versões digital e impressa, 1ª edição (Verlu Editora, 2019)

Tipicidade e Imputação Objetiva no Direito Penal Bra-

sileiro - livro digital (Verlu Editora, 2016);

Princípios Elementares de Direito Criminal - livro digital (Verlu Editora, 2016);

Estudos de Processo Penal - livro digital (Verlu Editora, 2015)

O Visitante - livro digital (Verlu Editora, 2014);

Planos de Saúde nos Tribunais - livro digital (Verlu Editora, 2014);

Direito e Saúde Mental - livro digital (Verlu Editora, 2014);

O Sentido de Ser Pessoa - livro digital (Verlu Editora, 2013);

Direito e Saúde Mental - livro impresso (Verlu Editora, 2012);

O Sentido de Ser Pessoa - livro impresso (Verlu Editora, 2011);

Medidas Cautelares no Processo Penal - livro impresso (Letras Jurídicas, 2011);

Teoria da Imputação Objetiva-livro impresso (Malheiro, 2007);

Fundamentos de Direito Penal-livro impresso (Malheiros, 2003);

Teoria do Tipo Penal- livro impresso (LED, 2001);

Bases Críticas do Direito Criminal- livro impresso (LED, 2000)

Santoro também é autor de muitos artigos jurídicos e filosóficos.

Antonio Carlos Santoro Filho é graduado em Direito pela Universidade de São Paulo com especialização em Direito Penal e Criminologia.

Pós-Graduado em Direito Penal pela Escola Paulista da Magistratura.

Juiz de Direito no Estado de São Paulo desde 1995.

Integrou a comissão editorial dos Cadernos Jurídicos da Escola Paulista da Magistratura de 2005 a 2014.

REDES SOCIAIS DO AUTOR:

Página do livro no Facebook:
https://www.facebook.com/direitoesaudemental

Página do autor no Facebook:
https://www.facebook.com/
SantoronaComunidadeVerluEditora

Twitter do autor:
https://twitter.com/SANTORO_FILHO

NOTA À 2EDIÇÃO

Esta segunda edição mantém a estrutura da primeira publicação, bem acolhida pela comunidade jurídica e por aqueles que trabalham com a saúde mental.

Atualizações foram introduzidas, especialmente em relação às modificações operadas pelo novo Código de Processo Civil, Estatuto da Pessoa com Deficiência e nova Lei sobre o Sistema Nacional de Políticas Públicas sobre Drogas.

SUMÁRIO

Introdução

Legislação

INTRODUÇÃO

Este pequeno trabalho, agora em sua segunda edição, é dedicado ao estudo das implicações dos transtornos mentais no campo do Direito - tema que tem recebido pouca atenção dos autores jurídicos -, a partir das normas que regulamentam a matéria - especialmente da Lei 10.216 de 06 de abril de 2001, cujos princípios e preceitos possibilitam a organização de um sistema -, e da doutrina e jurisprudência atuais sobre o tema.

Nosso objetivo, com esta obra, é a formatação de um *guia*, ou melhor, um *roteiro* de caráter objetivo, que seja acessível e útil não apenas aos operadores do Direito, mas a todos aqueles que lidam com a questão da saúde mental, ou seja, médicos, demais profissionais da área da saúde, usuários do sistema e seus familiares.

Em vista deste objetivo, no primeiro capítulo faremos um breve escorço histórico a respeito do tratamento legal da "loucura", desde os tempos do Império até a *reforma psiquiátrica* levada a cabo pela Lei n. 10.216/01.

O segundo capítulo cuida do conceito – geral, civil e penal – de pessoa deficiente e de seus direitos.

No terceiro capítulo analisaremos as espécies de internação, sua finalidade e regulamentação.

O quarto capítulo cuida do fenômeno da *institucionalização* e das medidas tendentes à readaptação social da pessoa que permaneceu por longo período internada, isto é, a *desinstitucionalização*.

No capítulo seguinte trataremos da inimputabilidade penal e das medidas de segurança.

Por fim, versa o sexto capítulo sobre os aspectos cíveis dos transtornos mentais, de acordo com o Novo Código de Processo Civil e Estatuto das Pessoas com Deficiência, mais especificamente a curatela, procedimento para interdição, questões relativas a "planos de saúde" e ao benefício previdenciário de prestação continuada.

Em anexo, a fim de facilitar a consulta, reproduzimos os textos das Leis 10.216/01 e 10.708/03.

Colocamo-nos à disposição para sugestões, críticas e debates sobre as questões levantadas ou outras relacionadas, mediante contato direto no seguinte endereço eletrônico: santoro@direitoefilosofia.com, ou na página oficial do livro no Facebook: https://www.facebook.com/livroDIREITOESAUDEMENTALdeSANTOROpelaVERLUEDITORA.

1.TRANSTORNOS MENTAIS E LEGISLAÇÃO - ESCORÇO HISTÓRICO

As Ordenações do Reino, especialmente as Filipinas, vigoraram em nosso País, no campo civil, até a promulgação do Código Civil de 1916 e, na área penal, somente foram substituídas pelo Código Criminal do Império de 1830.

As Ordenações nada previam a respeito da capacidade do doente mental e nem de seu tratamento. As pessoas "perigosas", entre as quais se poderiam incluir os portadores de transtornos mentais, eram recolhidas às cadeias ou submetidas às degradantes penas então aplicáveis, como criminosos comuns.

O Código Criminal do Império tratou, pela primeira vez, dos temas *doença mental* e *capacidade*, ao prever, em seu art. 10, § 2º, que não se julgariam criminosos os "loucos de todo o gênero, salvo se tiverem lúcidos intervalos e neles cometerem o crime".

O art. 12 do referido Código, por sua vez, dispunha: "Os loucos que tiverem cometido crimes serão recolhidos às casas para eles destinadas, ou entregues às suas famílias, como ao juiz parecer mais conveniente".

Assim, cometido um fato previsto como crime por portador de doença ou transtorno mental, este não era responsabilizado pela conduta e seria entregue à família ou a estabelecimento asilar, de acordo com a periculosidade constatada e considerações subjetivas do juiz responsável.

Os estabelecimentos destinados a doentes mentais no Brasil começaram a ser construídos "na segunda metade do século XIX, a começar pelo Hospício Pedro II, no Rio de Janeiro, anexo à Santa Casa de Misericórdia da Corte 2, criado pelo Decreto 82 de 1841, funcionando desse ano até 1852 como Hospício Provisório. Nos anos que se seguiram foram criados asilos em outras províncias, os quais se assemelhavam mais às próprias cadeias do que a lugares reservados ao tratamento de enfermos".[1]

O Código Penal de 1890, o primeiro republicano, nesta esteira, previu, em seu artigo 27, § 3º, que não seriam considerados criminosos: "Os que, por *imbecilidade* nativa, ou enfraquecimento senil, forem absolutamente incapazes de imputação".

O mesmo diploma legal, em seu art. 29, dispunha que: "Os indivíduos isentos de culpabilidade em resultado de afecção mental serão entregues às suas famílias, ou recolhidos a hospitais de alienados, se o seu estado mental assim exigir para a segurança do público".

O recolhimento a hospitais de alienados, portanto, somente seria cabível em hipótese de periculosidade acentuada, mas não previa o código a forma de tratamento, prazo mínimo ou qualquer controle da internação pelo Judiciário.

Em 22 de dezembro de 1903 foi promulgado pelo Presidente Rodrigues Alves o Decreto n. 1.132, que tinha por objetivo principal a salvaguarda da ordem pública, conforme se depreende de seu artigo 1º: "O indivíduo que, por moléstia mental, congênita ou adquirida, comprometer a ordem pública ou a segurança das pessoas, será recolhido a um estabelecimento de alienados".

O novo diploma legal, entretanto, se tomarmos por base a época de sua edição e a legislação que até então vigorara sobre a matéria, representou sensível evolução para o tratamento dos portadores de transtornos ou doenças mentais.

Com efeito, previu procedimento a ser observado para a internação e a necessidade de laudo médico (art. 2º); a possibilidade de tratamento em domicílio, desde que lhe fossem dispensados os cuidados necessários (art. 3º); a guarda provisória dos bens do alienado (art. 4º); a possibilidade do indivíduo internado ou pessoa interessada requerer, a qualquer tempo, a realização de novo exame (art. 5º); a concessão de alta a pedido de quem requerera a internação (art. 6º), que somente seria negada em caso de risco iminente (arts. 6º e 7º); a proteção à incolumidade física e moral dos internados (art. 9º); a proibição de manutenção de "alienados" em estabelecimentos penais (art. 10).

O Código Civil de 1916, promulgado na vigência do Decreto 1.132, dispunha em seu art. 5º, inciso II, que eram absolutamente incapazes para exercer os atos da vida civil "os loucos de todo o gênero".

Para preservação do patrimônio destes incapazes previu, em seus artigos 446 a 448, a curatela e o procedimento de interdição, que poderia ser promovido pelos ascendentes, cônjuge, parente próximo ou, em caso de loucura furiosa, menoridade ou inércia dos legitimados, pelo Ministério Público.

O art. 457 do CC de 1916, por sua vez, dispunha que: "Os loucos, sempre que parecer inconveniente conservá-los em casa, ou o exigir o seu tratamento, serão também recolhidos em estabelecimento adequado".

A internação em estabelecimento asilar, portanto, no regime do então novo Código, continuava a ser a regra.

Em 1934, durante o "Governo Provisório" de Getúlio Vargas, foi editado o Decreto n. 24.559, que revogou o Decreto n. 1.132 e que passou a dispor "sobre a profilaxia mental, a assistência e a proteção à pessoa e aos bens dos psicopatas, a fiscalização dos serviços psiquiátricos".

De acordo com seu art. 1º, objetivava o novo regime proporcionar tratamento, amparo médico e psiquiátrico e proteção legal aos psicopatas, e concorrer para a realização da higiene psíquica em geral e da profilaxia das psicopatias em especial.

Também no Decreto n. 24.559 a internação constituía a *regra* quanto à pessoa portadora de transtorno mental – psicopatas -, que se tratava de *objeto*, e não de sujeito coparticipante do próprio tratamento.

Embora previsse a possibilidade de realização de novo exame para verificação da condição mental do "psicopata", não garantia a sua realização e nem fornecia meios para evitar as internações inadequadas ou a sua prorrogação indefinida, embora instituísse novos requisitos para a admissão de internos.

Apesar das inúmeras críticas dirigidas ao Decreto n. 24.559, especialmente por seu viés manicomial, tendo sido por alguns, inclusive, acusado de se tratar de um instrumento de eugenia, não há como se deixar de ressaltar que, ao menos à época de sua edição, conferiu maiores garantias às pessoas portadoras de transtornos mentais ao estabelecer requisitos mínimos para as internações. O seu caráter discriminatório, no entanto, é inegável, embora não possamos separá-lo do momento histórico de sua vigência e da cultura imperante à época.

O Código Penal de 1940, influenciado pela Escola Positiva de Lombroso, Ferri e Garofalo, trouxe como grande novidade o ingresso das medidas de segurança no campo penal.

A aplicação de uma medida de segurança pressupunha a prática anterior de fato previsto como crime e a periculosidade do agente (art. 76).

A periculosidade era presumida, de forma absoluta, em relação àquele que, por doença mental ou desenvolvimento mental incompleto ou retardado, era, ao tempo da ação ou da omissão, *inteiramente incapaz* de entender o caráter criminoso do fato ou de determinar-se de acordo com esse entendimento (art. 22, *caput*, c.c. art. 78, I), e também àquele que, por perturbação da saúde mental ou por desenvolvimento mental incompleto ou retardado, não possuía, ao tempo da ação ou da omissão, a *plena* capacidade de entender o caráter criminoso do fato ou de determinar-se de acordo com esse entendimento (art. 22, parágrafo único, c.c. art. 78, II).

Aos portadores de transtornos mentais, portanto, a regra era a exclusão social – aplicação de medidas de segurança detentivas.

Assim, os agentes *irresponsáveis*, inteiramente incapazes de entender o caráter ilícito do fato ou de determinar-se de acordo com esse entendimento, deveriam ser internados em *manicômios judiciários*, pelo prazo mínimo de um a seis anos, dependendo da pena mínima prevista para o crime (art. 91).

Em se tratando de crime com pena mínima *inferior a um ano*, a internação poderia ser substituída apenas pela *liberdade vigiada*.

Para a hipótese de recomendação pela perícia médica, a internação em manicômio judiciário poderia ser substituída por internação em casa de custódia e tratamento, pelos mesmos prazos.

Aos parcialmente capazes de entender o caráter ilícito do fato ou de portar-se de acordo com esse entendimento, era aplicável a internação em *casa de custódia e tratamento*, pelo prazo mínimo de 06(seis) meses a três anos, de acordo com a gravidade do crime. A liberdade vigiada por seis meses era aplicável, se mais conveniente, quando a pena mínima fosse inferior a um ano.

A medida de segurança de internação, seja em manicômio judiciário, seja em casa de custódia e tratamento, somente poderia ser cessada após perícia médica, ouvidos o Ministério Público e o diretor do estabelecimento (art. 91, § 4º).

A perícia deveria ser realizada ao fim do prazo mínimo da medida de segurança imposta e, após a sua expiração, se constatada a não cessação da periculosidade, anualmente (art. 81, § 1º).

Cessada a internação, estabelecia-se o período de prova de um ano, durante o qual ficava o indivíduo submetido a liberdade vigiada. Revelada a persistência da periculosidade, procedia-se à nova internação; em caso contrário, a medida de segurança era extinta.

Observa-se, pois, que o Código Penal de 1940, na linha do Decreto n. 24.559, tinha por principal escopo o *afastamento* e *exclusão social* do portador de transtorno mental, sendo a preocupação com o seu efetivo tratamento e reinclusão social apenas residual.

A Nova Parte Geral do Código Penal de 1984 – ainda em vigor - altera profundamente o regime das medidas de segurança aplicáveis aos portadores de transtornos mentais e revela, ainda que com timidez, maior preocupação com o tratamento do que com a segregação social do inimputável.

Estabeleceu-se, ainda como regra, a medida de segurança de internação em hospital de custódia e tratamento, mas se abriu a possibilidade de sujeição do agente apenas a tratamento ambulatorial para os fatos previstos como crime sujeitos a detenção, e não a reclusão (art. 97, *caput*).

A internação ou tratamento ambulatorial são, em princípio, por tempo indeterminado, até a verificação da cessação da periculosidade por perícia médica, tendo por prazo mínimo o período de um a três anos (art. 97, § 1º).

Manteve-se a desinternação ou liberação condicional, agora em qualquer hipótese, por um ano.

Por fim, estabeleceu-se como direito do internado o seu recolhimento a estabelecimento dotado de *características hospitalares* e a sua submissão a *tratamento*.

A Reforma psiquiátrica brasileira teve como seus antecedentes históricos e principais influências a formação do Movimento dos Trabalhadores em Saúde Mental, em 1978, a luta antimanicomial e os postulados da psiquiatria democrática italiana, de Franco Basaglia.

Com efeito: "A Psiquiatria Democrática Italiana foi iniciada por Franco Basaglia e fez uma crítica radical ao paradigma psiquiátrico afirmando a urgência da revisão das relações a partir das quais o saber médico fundava sua práxis. Em 1971, Basaglia vai para Trieste onde inicia a demolição do aparato manicomial através da construção e constituição de novas formas de entender, lidar e tratar a loucura. Esta demolição significou a realização de uma análise crítica da sociedade e da forma pela qual se relaciona com o sofrimento e a diferença; não significou uma negação da instituição e da doença mental, mas relacionou-se a uma negação do "poder" que a sociedade entregava à psiquiatria para que esta isolasse, excluísse e anulasse aqueles que se encontravam fora dos limites da normalidade social. O trabalho realizado em Trieste demonstrou a possibilidade da constituição de uma rede de atenção capaz de oferecer e produzir novas formas de sociabilidade e subjetividade para os que utilizam a assistência psiquiátrica, assim como o oferecimento e a produção de cuidados. Essa experiência conduziu à destruição do manicômio, ao fim da violência e do aparelho da instituição psiquiátrica tradicional".[2]

A partir das possibilidades aventadas pela psiquiatria democrática italiana e com o apoio de diversos movimentos sociais, em 1978 foi sancionada, na Itália, a Lei 180, "que determinava o gradual fechamento dos manicômios e a criação de serviços substitutos capazes de garantir a continuidade do tratamento fora dos muros hospitalares. Assim surgem as cooperativas de trabalho, os centros de atenção psicossociais, internações em hospitais gerais e os dispositivos residenciais".[3]

A nova política de saúde mental brasileira – e a reforma psiquiátrica brasileira – tratou-se de um *processo* iniciado nos anos 80 e que culminou com a promulgação da Lei n. 10.216/2001

De fato, em 1987 foi inaugurado no Brasil o primeiro CAPS – Centro de Atenção Psicossocial -, que constituía uma alternativa ao hospital psiquiátrico fechado. Em 1988, coincidentemente no mesmo ano da promulgação da nova Constituição – conhecida como "Constituição cidadã" -, realizou-se em Santos uma experiência inovadora: o governo municipal interditou o hospital psiquiátrico – particular – do município em razão de maus-tratos e violações aos direitos humanos dos internados e substituiu o atendimento dos portadores de transtornos mentais por uma rede de CAPS. Diante das mudanças de parâmetros e dos debates acerca da melhor forma de tratamento dos portadores de transtornos mentais, foi apresentado pelo então deputado federal Paulo Delgado, em 1989, o projeto de lei que buscava tornar nacional – e irreversível – a reforma psiquiátrica.

Em 06 de abril de 2001, após longo processo de discussão e tramitação no Congresso Nacional, que durou por cerca de 12 anos, foi promulgada a Lei 10.216, que dispõe "sobre a proteção e os direitos das pessoas portadoras de transtornos mentais e redireciona o modelo assistencial em saúde mental". O novo diploma legal inverteu o sistema até então vigente, pois estabeleceu a *excepcionalidade* da internação, somente quando os recursos extra-hospitalares não se mostrassem suficientes; a proteção dos direitos do portador de transtorno mental contra abusos no tratamento; o reconhecimento do paciente como sujeito e titular de direitos; a preocupação com o melhor tratamento, e não apenas com a "segurança" social; a reinserção social gradual do usuário do sistema de saúde mental.

Esta, em brevíssima síntese, a evolução histórica do Direito brasileiro em relação aos transtornos mentais e seus portadores.

2. DIREITOS DA PESSOA PORTADORA DE TRANSTORNO MENTAL

2.1. Conceito de pessoa deficiente. 2.2. A dignidade humana. 2.3. Os direitos em espécie.

2.1. Conceito de pessoa deficiente

A lei, seja a civil ou penal, não oferece um conceito de *doença* ou de *transtorno* mental. Neste passo andou bem o legislador, pois, além de se tratar de matéria afeta ao *conhecimento técnico médico*, e não ao jurídico, o encerramento de um conceito na lei, sobre saberes mutáveis, poderia implicar descompasso e contradições entre a realidade e a legislação vigente.

Assim, pela lei, a doença ou o transtorno mental são tratados apenas de forma tangencial, seja para regular a capacidade de seus portadores, seja as consequências de seus atos, ou a forma de seu tratamento.

O direito civil previa como absolutamente incapazes de exercer *pessoalmente* os atos da vida civil "os que, por enfermidade ou deficiência mental, não tiverem o necessário discernimento para a prática desses atos" (art. 3º, inciso II, do CC). A previsão, contudo, foi revogada pela Lei n. 13.146 de 06 de julho de 2015, de forma que a enfermidade ou doença mental não mais implicam a incapacidade absoluta.

Restou mantida, no entanto, a incapacidade *relativa*, referenciada a certos atos, quando o discernimento for reduzido em virtude de deficiência mental, ebriedade habitual ou vício em tóxicos (art. 4º, inciso II, do CC), ou ainda por desenvolvimento mental incompleto (art. 4º, inciso III).

Logo, no que se refere aos transtornos mentais, podemos formular, na área cível, o seguinte conceito de pessoa deficiente: *aquele que, por enfermidade, deficiência ou desenvolvimento mental incompleto, ou ainda por ebriedade habitual ou dependência em tóxicos, não tiver o discernimento pleno para a prática dos atos da vida civil.*

A irresponsabilidade ou – nos termos da lei – inimputabilidade penal caracteriza-se pela incapacidade do sujeito de, no momento do fato, por doença mental ou desenvolvimento mental incompleto ou retardado (art. 26 do CP), entender o caráter criminoso de sua conduta e/ou de portar-se de acordo com tal entendimento.

Assim, para fins penais, apresenta-se como deficiente *a pessoa que, em razão de transtornos mentais, sofre prejuízos insuperáveis a suas capacidades intelectiva ou volitiva.*

Cremos que um conceito geral adequado de pessoa deficiente em decorrência de transtornos mentais é oferecido pela Resolução n. 3.447, de 09.12.75, da ONU, em seu artigo 1: *O termo "pessoas deficientes" refere-se a qualquer pessoa incapaz de assegurar por si mesma, total ou parcialmente, as necessidades de uma vida individual ou social normal, em decorrência de uma deficiência, congênita ou não, em suas capacidades mentais.*

A Lei n. 13.146 de 06 de julho de 2015 (Estatuto da Pessoa com Deficiência) dispõe que se considera pessoa com deficiência aquela que tem impedimento de longo prazo, que, em interação com uma ou mais barreiras, pode obstruir sua participação plena e efetiva na sociedade em igualdade de condições com as demais pessoas (art. 2º).

Admitido este conceito podemos afirmar que o transtorno mental, por si só, não representa uma *deficiência*, uma carência, ou melhor, não basta a sua constatação para que se decrete o estado de uma pessoa como *deficiente*, mas, antes, constitui uma "maneira de ser", um jeito de se apresentar ao mundo, com determinadas peculiaridades. Somente se implicar um impedimento à pessoa de assegurar por si mesma, total ou parcialmente, as necessidades de uma vida individual ou social normal, será causa de deficiência.

Assim, no tratamento dos transtornos mentais o que há de se buscar não é propriamente a cura – embora também seja desejável -, mas proporcionar ao portador e usuário do sistema a *capacitação* para que consiga assegurar a si mesmo as necessidades de uma vida individual ou social normal, ou ao menos que se aproxime desta conquista.

2.2. Dignidade Humana

A questão da dignidade humana tem como ponto de partida a exigência enunciada por Kant como segunda fórmula do imperativo categórico: "Age de tal forma que trates a humanidade, tanto na sua pessoa como na pessoa de qualquer outro, sempre também como um fim e nunca unicamente como um meio".[4] A dignidade de cada um, assim, está ligada à dignidade do outro, de forma que a minha dignidade é atingida não apenas se me rebaixo ou sou rebaixado da condição de pessoa, mas se outro sofrer a mesma espécie de violação. A dignidade, pois, "é de todo homem e, portanto, está ligada à dignidade de todo homem".[5]

De fato, como sustenta Fábio Konder Comparato, a dignidade humana, sob a visão de Kant, consiste em que "o ser humano e, de modo geral, todo ser racional, existe como um fim em si mesmo, não simplesmente como meio do qual esta ou aquela vontade possa servir-se ao seu talante (...)". Os entes racionais "denominam-se pessoas, pois são marcados, pela sua própria natureza, como fins em si mesmos; ou seja, como algo que não pode servir simplesmente de meio". Há, portanto, uma superioridade ética absoluta da pessoa humana em relação às coisas e daí decorre "que todo homem tem dignidade e não um preço, como as coisas. A humanidade como espécie biológica, e cada ser humano em sua individualidade, são propriamente insubstituíveis: não têm equivalente, não podem ser trocados por coisa nenhuma".[6] A dignidade humana revela que a pessoa é um fim *objetivo* incondicionado, ou seja, um fim em si e *negativo*, na medida em que não tem fins pré-determinados, mas se coloca como um *limite* ao agir que jamais deve ser ultrapassado.[7]

Ser-pessoa, pois, "significa um absoluto ser-diferentemente. Com efeito, o essencial e valioso "caráter de algo único" de cada homem não significa senão que ele é precisamente diferente de todos os outros homens. Portanto, o ser do homem acaba por perder a sua dignidade sempre que se vê absorvido por um ser de ordem superior [como ocorre, por exemplo, nos Estados totalitários]. É na massa que isto se pode observar mais claramente (…). Cada homem é irrepetível, de modo que o sentido de cada existência é também irrepetível e tem o caráter de algo único"[8]. Edith Stein observa que nas relações entre pessoas não é viável substituir uma pessoa por outra. *Esta* pessoa, no que ela tem de significado humano, não pode ser trocada por qualquer outra, ainda que uma *nova* relação humana possa consolar a perda da primeira. No homem, pois, a individualidade adquire um novo sentido que não possui em nenhuma outra criatura inferior a ele.[9].

Mas no quê consiste tratar o ser humano como ente único e insubstituível, como um *fim*, e não como um meio ou *objeto*? Qual o conteúdo material deste "princípio de conduta"?

Embora não haja uma definição de dignidade humana pelo direito positivo – isto é, pelas leis escritas -, o seu conceito extrai-se da própria Constituição Federal – e das normas internacionais de proteção aos direitos humanos[10] -, a partir do rol de direitos e garantias fundamentais estabelecidos ao indivíduo.

A possibilidade de exercício desses direitos e garantias individuais sintetiza a condição de *ser* humano, pois o torna distinto como ser racional único e insubstituível e, portanto, provido de dignidade e de autodeterminação.

Trata-se, como bem salientado por Célia Rosenthal Zisman, da *respeitabilidade mínima*, "que não depende nem mesmo do caráter da pessoa, [que] consiste na própria consideração da sua existência, pelos seus semelhantes, coincidindo então com o conceito de *dignidade*, visto que se efetiva com a preservação dos direitos fundamentais. A respeitabilidade mínima em relação ao homem não depende, portanto, de seus feitos, ou ainda, de sua idade, condição social, ascendência ou grau de hierarquia. Trata-se do tratamento digno, ao qual qualquer pessoa tem direito, no plano universal".[11]

A dignidade – material – é atributo de todo homem desde o início de seu existir. Não constitui sua condição sequer que se faça consciente, bastando que se trate de um alguém, de um ser humano, não se lhe podendo ser retirada nem mesmo em razão de suas ações. Não reconhecer a todos os seres humanos o *status* de digno significa erigir-se em "árbitro" de quem é ou não pessoa. O caráter de pessoa, no entanto, não é uma concessão, mas, repita-se, um atributo do próprio ser.[12]

Logo, por força deste fundamento, possui a pessoa humana a garantia de ver resguardados os seus direitos à vida, à liberdade, à segurança e à propriedade (conforme art. 5º, *caput*, da Constituição Federal), ressalvadas as exceções constitucionais limitadoras, mas jamais absolutamente excludentes, e os demais direitos previstos pela Constituição, tais como, dentre outros, o acesso à saúde e à educação, o convívio familiar, o livre exercício de culto e religião, a inviolabilidade do pensamento e da intimidade e o acesso aos Poderes públicos (direito de petição, de acesso à jurisdição, etc.). Conforme brilhante síntese elaborada por Célia Rosenthal Zisman, "a dignidade da pessoa depende da proteção e da garantia dos *direitos fundamentais*, sendo certo que tais direitos, como supramencionado, não são absolutos. Trata-se de três ordens de direitos, que tutelam a liberdade, a segurança e a autonomia da pessoa frente ao poder estatal e demais membros do corpo social".[13]

Portanto, com base nestas considerações, podemos elaborar o seguinte conceito de dignidade humana: *o complexo de direitos e garantias indispensável ao ser humano para a satisfação de suas múltiplas necessidades básicas, isto é, aquelas que o diferenciam como ser provido de individualidade; a possibilidade, em suma, de exercício dos direitos fundamentais para o desenvolvimento pleno do indivíduo como ser humano*[14].

Em relação às pessoas portadoras de transtornos mentais, em virtude de sua maior vulnerabilidade, a garantia da *dignidade humana* exige a formatação de um aparelho normativo protetivo suplementar, que se constitui dos direitos específicos a elas previstos.

A estes direitos, de forma objetiva e resumida, nos dedicaremos a seguir.

2.3. Direitos em Espécie

Como já deixamos assentado, para a *concretização* e *realização* da dignidade humana dos portadores de transtornos mentais, a Lei n. 10.216/01 previu – e garantiu – uma série de direitos que devem ser observados pelo Estado, pelos profissionais da saúde mental e pelos familiares.

Para a plena efetivação de tais direitos previu, em seu art. 1º, a vedação a qualquer forma de discriminação quanto à raça, cor, sexo, orientação sexual, religião, opção política, nacionalidade, idade, família, recursos econômicos e ao grau de gravidade ou tempo de evolução transtorno mental, ou qualquer outra.

A observância dos direitos da pessoa portadora de transtornos mentais, portanto, está sujeita de forma absoluta ao *princípio da igualdade* e não admite, por força deste princípio, a sua redução ou afastamento pelas características físicas, sociais, econômicas, étnicas, ou de origem territorial ou familiar da pessoa[15].

O art. 4º, da Resolução n. 1598/2000, do Conselho Federal de Medicina, anterior à Lei n. 10.216/2001, e por ela recepcionada no que não a contraria, dispõe, em termos semelhantes: "O diagnóstico de doença psiquiátrica é um procedimento médico que deve ser realizado de acordo com os padrões médicos aceitos internacionalmente, e não com base no *status* econômico, político, social ou orientação sexual, na pertinência a um grupo cultural, racial ou religioso, ou em qualquer outra razão não diretamente significativa para o estado de saúde mental da pessoa examinada".

A igualdade e afastamento da discriminação são exigências, a nosso ver, do respeito à cidadania e ao pluralismo, conceitos ínsitos a uma sociedade democrática.

Com efeito, a *cidadania* (art. 1º, inciso II, da CF), erigida a *fundamento* do Estado democrático de Direito, possui um sentido político mais amplo que seu mero conceito técnico-jurídico – nacional no gozo dos direitos políticos de votar e ser votado -, pois representa, por um lado, o poder do indivíduo de opor-se à interferência indevida do Estado em seu âmbito de autonomia e relações e, por outro, o direito de exigir a observância dos direitos e garantias constitucionais delas decorrentes, bem como de participar e de contribuir para a construção do Estado democrático de Direito. Trata-se, portanto, como sustenta Ana Maria D`Ávila Lopes, de um direito que demanda a "participação política ativa e direta do indivíduo na vida da sua sociedade – e não apenas como exercício do direito político de eleger e ser eleito – [e que] está ainda mais contundentemente prevista no inc. II do art. 1º da Constituição Federal de 1988, no qual a cidadania é vista como um dos fundamentos do Estado Democrático brasileiro. Sendo assim, a cidadania passa a ser um direito que torna todo cidadão um protagonista na construção da sua própria história, e não apenas um simples espectador".[16]

O portador de transtornos mentais, reconhecida a sua *cidadania*, deixa de ser um *objeto* de tratamentos, para passar a ostentar a condição de *pessoa*, de cidadão participante da sua comunidade e de seu próprio tratamento.

O pluralismo (art. 1º, inciso V, da CF), por sua vez, estreitamente ligado às liberdades individuais (de expressão, de opinião, de convicção religiosa, filosófica ou política), constitui o reconhecimento por parte do Estado não só da *legitimidade*, como também da *necessidade* de existência de posicionamentos, opiniões e ações divergentes -síntese da democracia. Garante o direito à diferença e preserva as minorias - aspecto positivo - e veda a incriminação, discriminação ou intervenção do Estado contra simples atitudes internas ou morais do homem - aspecto negativo. O pluralismo obsta o principal vício do *utilitarismo*, que consiste na extrapolação do indivíduo para a sociedade, no sacrifício sem compensações da minoria pela satisfação da maioria.[17]

Assim, acolhido o pluralismo como *fundamento* de nosso Estado, o simplesmente "ser diferente", seja no aspecto social, político, familiar, étnico ou territorial não autoriza o diagnóstico de *transtorno mental*, que deve estar estreitamente conectado à saúde mental do paciente.

O art. 2º, parágrafo único, da Lei n. 10.216/01, elenca uma série de direitos dos portadores de transtornos mentais, que, quando do atendimento em saúde mental, nos termos do *caput* do referido artigo, deverão ser formalmente informados à pessoa – usuário – e seus familiares ou responsáveis.

O primeiro destes direitos é o de ter acesso ao melhor tratamento do sistema de saúde, consentâneo às suas necessidades (inciso I).

O atendimento dispensado, portanto, deve ser o melhor disponível no sistema, compatível com as características da pessoa – e de seu transtorno – e com as respectivas necessidades terapêuticas.

Neste sentido o art. 1º, da Resolução n. 1598/2000, do Conselho Federal de Medicina dispõe: "É dever do médico assegurar a cada paciente psiquiátrico seu direito de usufruir dos melhores meios diagnósticos cientificamente reconhecidos e dos recursos profiláticos, terapêuticos e de reabilitação mais adequados para sua situação clínica".

O inciso II do art. 2º, da Lei 10.216/01 reza que a pessoa portadora de transtorno mental, quando submetida a atendimento, deve ser tratada com humanidade e respeito, o que decorre da observância do fundamento constitucional da *dignidade humana*, pois qualquer modalidade de tratamento é dirigida a uma pessoa, e não a um objeto.

Além disso, o tratamento deve ser realizado no interesse *exclusivo* de beneficiar a saúde do cliente/paciente, visando alcançar a sua recuperação pela inserção na família, no trabalho e na comunidade.

O tratamento, pois, não mais pode servir como *meio* de segregação ou exclusão social, mas tem por fim último a pessoa portadora de transtorno mental, o benefício à sua saúde e sua recuperação pela e para a reinserção e participação na sociedade.

Estreitamente ligado a este direito e ao fundamento da dignidade humana está o direito previsto no inciso III, de proteção contra qualquer forma de abuso e exploração.

O inciso IV garante o sigilo das informações prestadas.

Trata-se, aqui, da efetivação, em relação às pessoas portadoras de transtornos mentais, das garantias constitucionais da privacidade e intimidade (art. 5º, inciso X, da Constituição Federal), que, se suportam alguma flexibilização na relação médico/paciente ou profissional da saúde mental/paciente, a fim de viabilizar o melhor tratamento, não podem sofrer restrições ou violações que não tenham por escopo o benefício à saúde.

Violação do sigilo das informações pode caracterizar o crime de *violação de segredo profissional* (art. 154, do Código Penal[18]) e danos morais a quem teve o seu direito ao sigilo lesado, com o consequente direito de pedir, mediante a ação própria, o arbitramento em juízo de indenização contra o violador e, se o caso, seu empregador (art. 932, inciso III, do Código Civil).

Ainda neste ponto cabe anotar que o art. 207, do Código de Processo Penal, dispõe expressamente que *são proibidas de depor* as pessoas que, em razão de função, ministério, ofício ou *profissão*, devam guardar segredo, salvo se, desobrigadas pela parte interessada, *quiserem dar o seu testemunho*[19]. O art. 448, inciso II, do Código de Processo Civil, por sua vez, traz disposição semelhante ao rezar que a testemunha não é obrigada a depor de fatos a cujo respeito, por estado ou *profissão*, deva guardar segredo.

O inciso V prevê o direito à presença médica, em qualquer tempo, para esclarecer a necessidade ou não de sua hospitalização involuntária.

Com efeito, se a internação psiquiátrica somente pode ser realizada mediante *laudo* médico circunstanciado que caracterize os seus motivos (art. 6º, *caput*, da Lei 10.216/01), o seu maior interessado, o internado, deverá ser cientificado das *razões* que ensejaram a hospitalização involuntária; e, tratando-se de um *ato médico*, somente o próprio médico poderá prestar os esclarecimentos pertinentes.

Conectado a este direito está aquele previsto no inciso VII, de receber o maior número de informações a respeito de sua doença e de seu tratamento.

De fato, o usuário do sistema de saúde mental não é mais – ou não é apenas – objeto do tratamento, mas, antes, uma pessoa, como tal reconhecida e, assim, partícipe de seu próprio processo de recuperação.

Alinhado a este entendimento o art. 14, da Resolução n. 1598/2000, do Conselho Federal de Medicina reza: "Os pacientes psiquiátricos têm direito de acesso às informações a si concernentes, inclusive as do prontuário, desde que tal fato não cause dano a si próprio ou a outrem".

O inciso VI garante o direito de ter livre acesso aos meios de comunicação disponíveis, o que tem por escopo evitar, o quanto possível, o isolamento e a segregação e viabilizar, ainda que com limitações, o acesso ao mundo exterior e aos contatos sociais.

O inciso VIII prevê que a pessoa portadora de transtorno mental deverá ser tratada em ambiente terapêutico pelos meios menos invasivos possíveis.

Deste dispositivo depreende-se a obrigatoriedade de se dispensar efetivo tratamento em ambiente adequado – terapêutico -, sendo manifestamente ilegal a colocação ou internação em estabeleci-mento desprovido de recurso de assistência médica e social. O tratamento, por sua vez, deve respeitar a condição de pessoa do paciente e por tal fundamento optar, dentre os meios eficazes, pelos menos agressivos.

Nesta esteira o art. 11, da Lei n. 10.216/01 dispõe que pesquisas científicas para fins diagnósticos ou terapêuticos não poderão ser realizadas sem o consentimento expresso do paciente, ou de seu representante legal, e sem a devida comunicação aos conselhos profissionais competentes e ao Conselho Nacional de Saúde.

Por fim, o inciso IX do art. 2º afirma o direito de ser tratado, pre-ferencialmente, em serviços comunitários de saúde mental, o que torna claro o caráter excepcional, ou de *última ratio*, dos trata-mentos hospitalares e de internação.

Estes direitos, como afirmamos, constituem um rol apenas exem-plificativo e não taxativo, pois não excluem os demais direitos previstos pela própria Lei n. 10.216/01, por outros diplomas le-gais e, especialmente pela Constituição Federal.

3. INTERNAÇÃO

3.1. Finalidade

O art. 4º, *caput*, da Lei n. 10.261/01 dispõe que a *internação*, em qualquer de suas modalidades, somente será indicada quando os recursos extra-hospitalares se mostrarem insuficientes, isto é, quando houver risco à integridade física, à vida ou à saúde do próprio paciente ou de terceiros.

Assim, excluída a situação de perigo *concreto*, que deve estar indicada em *laudo médico*, incabível a internação de pessoa portadora de transtorno mental.

Verificada a *necessidade* de internação, contudo, esta terá como *finalidade permanente* a cessação daquele estado de perigo e, em consequência, a *reinserção* social do paciente em seu meio (art. 4º, § 1º).

A internação, portanto, tem por escopos fundamentais o *tratamento* da pessoa portadora de transtorno mental e possibilitar as condições para a sua (re)integração social. Trata-se, pois, de um *meio* de caráter *excepcional*, que somente deve ser utilizado quando – e pelo período que - se mostrar absolutamente necessá-

rio e em hipótese dos demais recursos serem insuficientes às necessidade terapêuticas do paciente.

3.2. Requisitos

A efetivação de internação, seja qual for a sua modalidade, está sujeita a uma série de requisitos que constituem garantias atribuídas às pessoas portadoras de transtornos mentais e que têm por fim evitar internações indevidas ou o seu prolongamento desnecessário.

Conforme acima asseverado, constitui o primeiro requisito para a realização de qualquer internação a sua absoluta *necessidade*, ou seja, quando os recursos extra-hospitalares se mostrarem *insuficientes*.

Representa a internação, pois, no novo sistema, medida subsidiária e excepcional, que somente deverá ser adotada quando os demais instrumentos e meios de tratamento se mostrarem incapazes para garantir a integridade física ou a vida do paciente e/ou de terceiros. Ausente risco de tal natureza, incabível a internação. Neste sentido:

INTERNAÇÃO COMPULSÓRIA - Interdito que é portador de transtorno afetivo bipolar – Ausência de agressividade e resposta positiva ao tratamento durante internação - Desnecessidade de internação permanente - Recomendação de tratamento medicamentoso em sua própria residência - Sentença mantida - Recurso desprovido. (TJSP - APELAÇÃO CÍVEL nº 9101706-29.2007.8.26.0000 – 1ª Câm. Direito Privado – Rel. Eliot Akel, j. 07.02.2012, v.u.).

Apelação Cível. Ação de internação compulsória para tratamento de dependência química – Sentença que julgou improcedente a ação – Internação compulsória – Medida excepcional, adotada apenas quando esgotados todos os recursos extra hospitalares – Hipótese em que o laudo médico e os pareceres técnicos produzidos durante a instrução concluíram pela desnecessidade de internação permanente do requerido – Desnecessidade, inclusive, de submissão do réu a tratamento ambulatorial pelo prazo de 12 (doze) meses – Manutenção da R. Sentença.

Nega-se provimento ao recurso de apelação. (Relator(a): Christine Santini; Comarca: Novo Horizonte; Órgão julgador: 1ª Câmara de Direito Privado; Data do julgamento: 24/05/2016; Data de registro: 25/05/2016)

HABEAS CORPUS. INTERNAÇÃO INVOLUNTÁRIA EM CLÍNICA PSIQUIÁTRICA. LEI 10.216/01. ATO DE PARTICULAR. Cabimento. Ausência de provas ou indícios de perturbação mental do paciente qualificado como advogado. Constrangimento ilegal delineado. In casu, há elementos suficientes à concessão da ordem, diante da comprovada união estável e indicativos de plena capacidade civil do paciente que, inclusive, celebrou recentemente contrato de locação e possui situação regular junto à OAB. ORDEM CONCEDIDA, com determinação.
(TJSP; Habeas Corpus Cível 2028726-23.2018.8.26.0000; Relator (a): Rosangela Telles; Órgão Julgador: 2ª Câmara de Direito Privado; Foro de Mairinque - 1ª Vara; Data do Julgamento: 18/04/2018; Data de Registro: 18/04/2018)

Para a internação indispensável, também, é a existência de *laudo médico* circunstanciado, que caracterize os seus motivos (art. 6º, *caput*).

Entende-se por laudo médico circunstanciado aquele que revela as funções mentais do paciente e as circunstâncias em que se encontra e que, a partir desses elementos e discussão dos exames realizados, elabora o diagnóstico, o prognóstico e a *conclusão* quanto à adequação, ou melhor, *necessidade* da internação. Logo, para a realização de internação não basta a existência de mero "atestado" com simples indicação de doença ou transtorno mental e respectivo CID (Classificação Internacional de Doenças).

Ausente o laudo médico, não deve subsistir a internação que pode ser atacada, inclusive, pela via do *habeas corpus*:

HABEAS CORPUS - Internação compulsória - Paciente portador de problemas psiquiátricos e que faz uso de medicamentos tarjados e também é alcoólatra - Internação decretada com base em alegações fáticas e simples solicitação médica. Tratando-se de medida de grande gravidade, que importa a perda a capacidade para os atos da vida civil, esta somente deve ser decretada com base em laudo motivador, a teor do disposto no art. 6º, "caput", da Lei nº 10.216/2001 – Constrangimento ilegal existente - Ordem concedida (TJSP – HC n. 0219578-82.2011.8.26.0000 – 11ª Câm. de Direito Público – Rel. Pires de Araújo – j. 13.02.2012)

AGRAVO DE INSTRUMENTO. INTERNAÇÃO COMPULSÓRIA. USUÁRIO E DEPENDENTE DE SUBSTÂNCIAS QUÍMICAS. 1. ATESTADO MÉDICO SUBSCRITO POR ANESTESIOLOGISTA. 2. AUSÊNCIA DE LAUDO MÉDICO CIRCUNSTANCIADO. 3. NECESSIDADE DE CUMPRIMENTO DO DISPOSTO NOS ARTIGOS 4º E 6º DA LEI Nº 10.216/2001. 4. AUSÊNCIA DE PROVA INEQUÍVOCA DAS ALEGAÇÕES. 5. ANTECIPAÇÃO DE TUTELA. INTERNAÇÃO COMPULSÓRIA. IMPOSSIBILIDADE. 7. DECISÃO AGRAVADA REFORMADA (TJSP – AI n. 0254943-03.2011.8.26.0000 – 10ª Câm. de Direito Público – Rel. Paulo Galizia – j. 30.01.2012)

Agravo de Instrumento interposto contra decisão que indeferiu pedido de antecipação de tutela, em ação de rito ordinário movida por genitora de dependente químico, objetivando sua internação compulsória. Hipótese em que a documentação médica exibida não é de molde a comprovar o quanto alegado. Ausência de indicação médica da imprescindibilidade da medida. Artigo 6º da Lei federal 10.216, de 6.04.2001. Recurso improvido. (Relator(a): Aroldo Viotti; Comarca: Barretos; Órgão julgador: 11ª Câmara de Direito Público; Data do julgamento: 08/09/2015; Data de registro: 11/09/2015)

A internação somente será autorizada por médico devidamente registrado no Conselho Regional de Medicina - CRM - do Estado onde se localize o estabelecimento (art. 8º, *caput*), não exigindo a lei que o médico seja *especialista* em psiquiatria – embora seja inegável a conveniência de tal capacitação.

Por fim, o tratamento em regime de internação será estruturado de forma a oferecer assistência integral à pessoa portadora de transtornos mentais, incluindo serviços médicos, de assistência social, psicológicos, ocupacionais, de lazer, e outros (art. 4º, § 2º).

Ausentes tais recursos, incabível a internação, pois vedada pela lei 10.216/01, em seu art. 4º, § 3º, tal proceder em "instituições com características asilares, ou seja, aquelas desprovidas dos recursos mencionados no § 2º e que não assegurem aos pacientes os direitos enumerados no parágrafo único do art. 2º".

Anote-se, por fim, que, efetivada a internação, incumbirá ao estabelecimento hospitalar o dever de cuidado e vigilância sobre a pessoa internada. Sua responsabilidade, em hipótese de sofrimento de danos ou morte do internado - ainda que se trate de entidade filantrópica - é, conforme majoritária jurisprudência, *objetiva* – independente de culpa -, e somente pode ser excluída, nos termos do art. 14, § 3º, inciso II, do Código de Defesa do Consumidor, em sendo provada a culpa *exclusiva* da vítima – do que aqui não se cogita, pois a internação pressupõe confusão mental que, por si só, exige o cuidado e vigilância por parte dos prepostos do hospital – ou de terceiro. Apenas a título de ilustração:

AÇÃO DE INDENIZAÇÃO POR DANOS MATERIAIS E MORAIS. Sentença de improcedência. Ação proposta pelos pais contra hospital psiquiátrico, em razão de suicídio cometido por seu filho quando internado nas dependências da ré, com quadro de depressão grave e antecedentes tentativas de suicídio. Apelam os autores insistindo na violação do dever de vigilância, especialmente considerando as anteriores tentativas de suicídio, o que prova que a ré agiu com negligência. O paciente deveria ter sido mantido sedado e imobilizado. O laudo pericial se mostra imprestável, pois elaborado com base em informações da ré. Reconhecida a relação de consumo entre as partes. A responsabilização prescinde de culpa. Hospital psiquiátrico que deve garantir a integridade física dos pacientes. Culpa *in vigilando*. Danos materiais não comprovados. Reconhecimento dos danos morais. Sentença reformada. Recurso parcialmente provido, para reconhecer e os danos morais arbitrando-os em R$ 30.000,00. Inversão da sucumbência, com honorários advocatícios fixados em 10% sobre o valor da condenação. (TJSP – 5ª Câm. – Ap. n. 0058716-30.2005.8.26.0000 – Rel. James Siano – j. 14.9.2011).

RESPONSABILIDADE CIVIL - Morte de paciente em hospital psiquiátrico - Agressão praticada por pessoa internada - Improcedência da demanda - Inconformismo - Admissibilidade - Entidade sem fins lucrativos - Relação de consumo - Precedente do Superior Tribunal de Justiça – Responsabilidade objetiva - Ausência de excludentes - Dever de indenizar mesmo que não houvesse relação de consumo - Hospital psiquiátrico que deve garantir a integridade física dos pacientes - Culpa *in vigilando* - Precedentes desta Corte - Extensão do dano que depende de prova de fato novo - Liquidação por artigos - Aplicação do art. 475-E do Código de Processo Civil – Sentença reformada - Recurso parcialmente provido." (AP nº 9155678- 5ª Câm. – Rel. Mônaco da Silva)

RESPONSABILIDADE CIVIL - Morte de paciente em hospital psiquiátrico - Suicídio - Ingestão de medicamentos armazenados em posto de enfermagem, cuja porta não se encontrava trancada - Violação a dever de guarda e vigilância da instituição Responsabilidade objetiva do hospital por acidente de consumo e violação positiva do contrato - Inexistência de culpa recíproca ou exclusiva da vítima para a ocorrência do evento - Critérios de fixação dos danos morais - Fixação da indenização em RS 20.000,00, valor que bem cumpre as funções compensatória e exemplar, em face das circunstâncias do caso concreto - Ação parcialmente procedente - Recurso de apelação do réu não provido - Recurso adesivo da autora parcialmente provido. (Ap. n. 994061149476 - 4a Câm. - rel. Des. FRANCISCO LOUREIRO, j. 27.09.2007)

Responsabilidade civil - Prestação de serviços Hospital - Morte de paciente internado que, em razão de quadro de confusão mental, atira-se pela janela - Necessidade de contenção física ou química do paciente - Negligência do estabelecimento evidenciada, a partir da ausência dos cuidados necessários - Obrigação de indenizar caracterizada - Paciente portador do vírus HIV - Sobrevida - Fixação - Razoabilidade, observados os avanços médicos à época dos fatos - Honorários advocatícios - Alteração - Impertinência - Recurso principal e adesivo improvidos. (Ap.n. 1.070.828-00/2 - 33a Câm. - rel. Des. CLARET DE ALMEIDA, j. 20.10.2008)

RESPONSABILIDADE CIVIL - Morte de paciente em hospital psiquiátrico - Quadro mental do paciente que demandava cuidado e alerta - Culpa *in vigiliando* - Imprevisibilidade do evento relativa - Há de se esperar o imprevisível até de paciente portador de debilidade mental -

Responsabilidade do hospital que é objetiva, ademais - Evento que envolveu obrigação que é inerente a prestação contratada (diligência aos pacientes) e vítima desprovida da integral saúde mental - Danos morais devidos - Danos materiais acolhidos apenas quanto ao reembolso das despesas funerárias - Ação julgada improcedente pela sentença - Decisão reformada - Recurso provido em parte. (Ap. n. 994081279537 - 1a Câm. - rel. Des. DE SANTI RIBEIRO, j .19.08.2008)

3.3. Espécies

A Lei n. 10.216/01, em seu artigo 6º, parágrafo único, prevê três modalidades de internação psiquiátrica: (a) voluntária; (b) involuntária; (c) compulsória.

Trataremos, a seguir, das citadas espécies.

3.3.1. Internação voluntária

Constitui internação voluntária aquela que se dá com o consentimento do usuário.

Tendo a pessoa solicitado voluntariamente a sua internação, ou a consentido, deverá assinar, no momento de sua admissão, uma declaração de que optou por esse regime de tratamento (art. 7º, *caput*). Ausente esta declaração, não poderá ser considerada voluntária a internação e, portanto, deverá se submeter aos demais requisitos e formalidades da internação involuntária.

O término da internação voluntária dar-se-á por solicitação escrita do próprio paciente ou por determinação do médico assistente, quando constatada a desnecessidade de sua continuidade (art. 7º, parágrafo único).

3.3.2 Internação involuntária

A internação involuntária, ao contrário, é aquela que se dá *sem* consentimento do usuário *e* a pedido de terceiro, e cujo término somente ocorre por solicitação escrita do familiar, ou responsável legal, ou quando estabelecido pelo especialista responsável pelo tratamento (art. 8º, § 2º da Lei 10.216/01).

Tanto a internação involuntária como a respectiva alta deverão, no prazo de setenta e duas horas, ser comunicadas ao Ministério Público Estadual pelo responsável técnico do estabelecimento no qual tenham ocorrido, pois cabe ao Ministério Público velar pelos interesses difusos e coletivos, bem como pelos interesses dos incapazes (art. 8º, § 1º da Lei 10.216/01).

O Regulamento do Sistema Único de Saúde – Portaria n. 2048 de 03 de setembro de 2009 -, estabelece, ainda, outros mecanismos para o controle das internações involuntárias.

Assim, dispõe que as internações, esgotadas todas as tentativas das demais possibilidades terapêuticas, deverão ter a menor duração temporal possível (art. 422); que as internações involuntárias deverão ser notificadas não apenas ao Ministério Público, mas também a Comissão Revisora das Internações Psiquiátricas Involuntárias, a ser constituída pelo gestor estadual do SUS, com a participação de integrante designado pelo Ministério Público Estadual (artigos art. 424, inciso II e art. 430); que tal comissão revisora deve ser multiprofissional, sendo integrada, no mínimo, por um psiquiatra ou clínico geral com habilitação em Psiquiatria, e um profissional de nível superior da área de saúde mental, não pertencentes ao corpo clínico do estabelecimento onde ocorrer a internação, além de representante do Ministério Público Estadual. Determina, ainda, que dela também façam parte representantes de associações de direitos humanos ou de usuários de serviços de saúde mental e familiares. Por fim, estabelece que a Comissão Revisora efetuará, até o sétimo dia da internação, a revisão de cada internação psiquiátrica involuntária, emitindo laudo de confirmação ou suspensão do regime de tratamento adotado e remetendo cópia deste ao estabelecimento de saúde responsável pela internação, no prazo de vinte e quatro horas (art. 432).

A internação involuntária, sendo necessária e na eventualidade de inexistência de vagas, pode ser postulada dos poderes públicos – Estado e Município – em demanda judicial, detendo legitimidade, para tanto, independentemente de decretação da interdição do internado, parente do portador do transtorno mental ou mesmo o Ministério Público. Esta tem sido a orientação pacífica adotada pelo Tribunal de Justiça do Estado de São Paulo nos inúmeros processos em que enfrentou estas questões:

AÇÃO CIVIL PÚBLICA - Internação de paciente dependente de substâncias químicas - Afastadas preliminares de ilegitimidade ativa do Ministério Público e ilegitimidade passiva "ad causam" do Município de Morro Agudo - Direito à saúde; dever do Estado, direito do povo Art. 196 da Constituição da República, norma programática que não constitui promessa constitucional inconseqüente (STF, 2ª T., AgRE 273834-4-RS, Rel. Min.Celso de Mello) Ação julgada procedente Sentença mantida. Recurso voluntário desprovido.

A necessidade da internação compulsória em clínica especializada para tratamento de drogadição é imprescindível para a recuperação do autor, conforme documento médico e estudo social. A pretensão encontra fundamento em dispositivos constitucionais, já que a internação do dependente de substâncias químicas é medida protetiva, que busca o adequado tratamento médico, para salvaguardar à saúde e à integridade física e mental, tendo como alicerce a dignidade da pessoa humana. **(TJSP – Ap. n. Apelação nº**

0002324-59.2010.8.26.0374 – 12ª Câm. de Direito Público – Rel. Ribeiro de Paula – j. 31.8.2011)

AGRAVO DE INSTRUMENTO - Internação compulsória - Legitimidade ativa do Ministério Público - Responsabilidade solidária do Município - Art. 196 da Constituição Federal - O direito à vida é amplo e explicitamente protegido pela Carta Magna - No caso, configurado está o risco à saúde pública, à vista da inação do poder público - Recurso não provido (TJSP – AI n. 0131619-73.2011.8.26.0000 – 7ª Câm. de Direito Público – Rel. Luiz Sérgio Fernandes de Souza – j. 10.10.2011).

AÇÃO DE OBRIGAÇÃO DE FAZER - Internação compulsória de toxicômano. Pedido de antecipação de tutela - Indeferimento pela falta de prévia interdição – Desnecessidade – Precedentes deste Tribunal de Justiça. Agravo de instrumento provido.

Este Tribunal de Justiça tem admitido estes pedidos independentemente da nomeação de curador provisório por ação própria como demonstrado pelo agravante (Ap. n. 990.10.344403-5, 9ª Câmara de Direito Público, rel. Des. De Paula Santos, 11.04.11; Ap. n. 0004756-85.2010.8.26.0201, 13ª Câmara de Direito Público, rel. Des. Peiretti de Godoy, 30.03.11; etc), e que cabe ao juiz, se for o caso, aplicar as regras do artigo 9º do CPC (TJSP – AI n. 0008522-02.2012.8.26.0000 – 10ª Câm. de Direito Público – Rel. Antonio Celso Aguilar Cortez – j. 06.02.2012)

APELAÇÃO / REEXAME NECESSÁRIO – - Internação compulsória de pessoa com dependência química – Possibilidade da internação compulsória indicada por médico - Arts. 6º, III e 9º da Lei nº 10.216/2001 – Nomeação de curador ao réu toxicômano - Ação julgada procedente - Dever do Estado de fornecimento de tratamento de saúde adequado aos cidadãos (art.196 da Constituição Federal). Comprovadas a carência de recursos econômicos do paciente, a dependência química e a necessidade da internação. Recurso voluntário e reexame necessário não providos. (Relator(a): Antonio Celso Faria; Comarca: São José do Rio Pardo; Órgão julgador: 8ª Câmara de Direito Público; Data do julga-

mento: 04/05/2016; Data de registro: 05/05/2016)

No que se refere ao tratamento de usuários de drogas, a Lei 13.840 de 05 de junho de 2019, que dispôs sobre o Sistema Nacional de Políticas Públicas sobre Drogas, alterou a Lei n. 11.343, de 23 de agosto de 2006, para prever duas modalidades de internação: a voluntária, que se dá com o consentimento do usuário, e a *involuntária*.

Em relação à segunda modalidade, restou previsto tratar-se daquela que se dá sem o consentimento do dependente, a pedido de familiar ou do responsável legal ou, *na absoluta falta deste*, de servidor público da área de saúde, da assistência social ou dos órgãos públicos integrantes do Sisnad, com exceção de servidores da área de segurança pública, que constate a existência de motivos que justifiquem a medida (art. 23-A, § 3º, inciso II, da Lei n. 11.343/2006).

Assim, a internação involuntária somente será efetivada mediante *solicitação de familiar ou responsável*, e, somente se inexistentes pessoas nestas condições, por servidor vinculado ao Sisnad.

Conforme parágrafo 5º, do mesmo artigo, a internação involuntária somente será realizada após *formalização por médico responsável* – não necessariamente psiquiatra -, avaliação sobre o tipo de droga utilizada, padrão de uso e impossibilidade de utilização de outras alternativas terapêuticas previstas na rede de atenção à saúde, tendo duração máxima de 90(noventa) dias e término determinado pelo médico responsável, sem prejuízo de poder a família ou representante legal solicitar, a qualquer tempo, a interrupção do tratamento.

3.3.3. Internação Compulsória

Internação *compulsória*, nos termos do art. 6º, parágrafo único, inciso III, da Lei n. 10.216/01, é aquela determinada pela Justiça, o que pressupõe a existência de um *processo*, de natureza civil ou criminal.

Na área criminal a internação pode ser provisória, quando determinada no *curso* do processo penal, ou constituir uma medida de segurança – de caráter definitivo.

Cuidaremos, agora, apenas da primeira espécie, pois trataremos das medidas de segurança no capítulo reservado aos aspectos propriamente *penais* dos transtornos mentais.

Quanto à internação compulsória de natureza cível, apresentaremos as principais questões controversas a respeito.

3.3.3.1. Internação cautelar em processo penal

Medidas cautelares no processo penal são providências privativas ou restritivas da liberdade do investigado ou do réu, que têm por fins garantir a regularidade do trâmite processual ou a eficácia da tutela jurisdicional (efetividade do processo, ou seja, que a determinação constante da sentença seja realmente cumprida).

Para a adoção de qualquer medida cautelar, nos termos do art. 282, do Código de Processo Penal, devem ser observados dois pressupostos, simultaneamente: (a) *necessidade* (inciso I) e (b) *adequação* (inciso II).

A necessidade da adoção da medida cautelar pode destinar-se a evitar a fuga do investigado ou processado e, por consequência, a insubsistência da decisão final; à investigação ou instrução criminal, isto é, garantir a regularidade dos atos investigatórios e instrutórios – colheita de provas -, afastando-se a indevida interferência do investigado ou acusado; por fim, a necessidade pode ser justificada para evitar a prática de novas infrações, a reiteração criminal.

A escolha da medida cautelar não se trata de ato absolutamente *discricionário* do Juízo, pois deve ser *adequada* à gravidade, do crime, circunstâncias do fato e condições pessoais do acusado; está sujeita, então, a uma discricionariedade regrada ou limitada e à observância do princípio da *proporcionalidade*.

Entre tais medidas prevê o art. 319, inciso VII, do Código de Processo Penal, de acordo com a redação que lhe foi conferida pela Lei n. 12.403/11, a possibilidade de *internação provisória* do acusado nas hipóteses de crimes praticados *com violência ou grave ameaça*, quando os peritos concluírem ser inimputável ou semi-imputável (art. 26 do Código Penal) e houver risco de reiteração criminosa.

Assim, para a internação provisória – modalidade de internação compulsória, pois determinada pela Justiça - do *inimputável* é indispensável, em primeiro lugar, que o laudo pericial aponte para a inimputabilidade do agente de ilícito penal.

Somente a inimputabilidade, no entanto, não basta. Indispensável também que o fato descrito como crime tenha sido cometido com *violência ou grave ameaça* – a pessoa -, e mais, a existência de prognóstico – também revelado pelo laudo – desfavorável em relação à reiteração criminosa.

Quanto ao portador de *perturbação mental* que padece de maior dificuldade de compreensão e de atuação de acordo com esse entendimento – semi-imputáveis, de acordo com a nova legislação processual -, a internação provisória, além dos requisitos supramencionados, somente será cabível se no laudo houver observação relativa à *conveniência da substituição de eventual futura pena por internação* – de finalidade curativa -, de acordo com o art. 98, do Código Penal, e desde que *também* haja prognóstico desfavorável quanto à reiteração criminosa.

3.3.3.2. Internação em processo civil

A efetivação de internação involuntária prescinde de autorização ou determinação judicial, que estaria reservada, em princípio, às questões que envolvessem processos e a prática de ilícitos penais (internação provisória e medidas de segurança).

O art. 9º da Lei 10.216 dispõe que a "internação compulsória é determinada, de acordo com a legislação vigente, pelo juiz competente". A lei 10.216, portanto, não esclarece o procedimento e as hipóteses para a internação compulsória e nem o juízo competente para tanto, remetendo a questão a outros diplomas legais. Em síntese: a internação compulsória é definida pela Lei 10.216 como aquela determinada pela Justiça; *as hipóteses de seu cabimento, contudo, até mesmo por envolver limitação de direitos individuais fundamentais, devem ser especificamente tratadas por leis distintas, embora sempre com a observância dos princípios estabelecidos pela Lei 10.216.*

Dito isso, cabe questionar: afinal, em quais situações é legalmente admitida ou "tipificada" a internação compulsória?

Em primeiro lugar, como vimos, no processo penal, como medida cautelar prevista pelo art. 319, na redação que lhe conferiu a Lei 12.403/2011.

A internação provisória, conforme se depreende de sua própria denominação, tem caráter *temporário*, pois serve apenas ao processo, e está sujeita à garantia constitucional da duração razoável do processo[20].

Em segundo lugar a internação compulsória clássica, qual seja, a medida de segurança, da qual trataremos mais adiante.

Admissível, também, em princípio, na jurisdição da infância e adolescência, quando caracterizado o transtorno mental, a internação compulsória como medida protetiva (art. 98, inciso III, c.c. 101, V e 112, § 3º, do ECA – Lei 8.069/90) ou como providência suspensiva da medida socioeducativa (art. 64 da Lei 12.594/2011, que estabeleceu o SINASE). A internação compulsória, em tal hipótese, tem como limite a cessação da jurisdição da Vara da Infância e da Juventude (18 ou, excepcionalmente, 21 anos).

Por fim, pode-se argumentar pela previsão legal de internação compulsória dos toxicômanos, nos termos dos artigos 28 e 29, do Decreto-lei 891/38, que preveem a impossibilidade de tratamento domiciliar dos toxicômanos e a internação obrigatória, dispositivos que, entretanto, reputamos tacitamente revogados, por absoluta incompatibilidade, pela Lei 10.216/2001 e, especialmente, pelos artigos 4º, 5º e 19 a 22 da Lei 11.343/2006 - e modificações introduzidas pela Lei n. 13.840 de 05 de junho de 2019 -, que disciplina o Sistema Nacional de Políticas Públicas sobre Drogas.

Apesar de ainda observarmos pedidos e inclusive decisões judiciais determinando internações compulsórias com fundamento no Decreto 24.559/34, é preciso ressaltar que tal diploma legal não está mais em vigor, não apenas por conta de sua absoluta incompatibilidade com a Lei 10.216/2001, mas também por força de revogação *expressa*, decorrente do Decreto 99.678/90 (anexo IV).

Fora dessas hipóteses, como decorrência do princípio da legalidade, não seria cabível a internação compulsória.

A jurisprudência, no entanto, tem conhecido de pedidos cíveis de internação compulsória, especialmente quando ligados a atos agressivos ou drogadição do paciente. A título de ilustração:

AÇÃO DE AUTORIZAÇÃO JUDICIAL PARA INTERNAÇÃO COMPULSÓRIA. Improcedência. Inconformismo. Apelação. Internação compulsória de dependentes químicos prevista no art. 6º, III, da Lei 10216/01.

Caráter de urgência necessário. Comprovação por atestado médico. Direitos fundamentais. Direito à saúde, decorrente do direito à vida, deve prevalecer sobre o direito à liberdade. Direito à saúde e a capacidade de autodeterminação, nestes casos, comprometidos de tal forma que deve prevalecer o tratamento compulsório. Recurso Provido. (TJSP – Ap. 0003615-57.2010.8.26.0160 – 9ª Câm. de Direito Privado – Rel. Piva Rodrigues, j. 29.11.2011, v.u.).

HABEAS CORPUS - AÇÃO CIVIL DE INTERDIÇÃO CUMULADA COM INTERNAÇÃO COMPULSÓRIA - COMPETÊNCIA DAS TURMAS DA SEGUNDA SEÇÃO VERIFICAÇÃO - INTERNAÇÃO COMPULSÓRIA - POSSIBILIDADE - NECESSIDADE DE PARECER MÉDICO E FUNDAMENTAÇÃO NA LEI 10.216/2001 - EXISTÊNCIA, NA ESPÉCIE – EXIGÊNCIA DE SUBMETER O PACIENTE A RECURSOS EXTRAHOSPITALARES ANTES DA MEDIDA DE INTERNAÇÃO - DISPENSA EM HIPÓTESES EXCEPCIONAIS - EXAME DE PERICULOSIDADE E INEXISTÊNCIA DE CRIME IMPLICAM DILAÇÃO PROBATÓRIA - VEDAÇÃO PELA VIA DO PRESENTE REMÉDIO HERÓICO - HABEAS CORPUS SUBSTITUTIVO DE RECURSO ORDINÁRIO CONHECIDO PARA DENEGAR A ORDEM.

I - A questão jurídica relativa à possibilidade de internação compulsória, no âmbito da Ação Civil de Interdição, submete-se a julgamento perante os órgãos fracionários da Segunda Seção desta a. Corte;

II - A internação compulsória, qualquer que seja o estabelecimento escolhido ou indicado, deve ser, sempre que possível, evitada e somente empregada como último recurso, na defesa do internado e, secundariamente, da própria sociedade.

III - São modalidades de internação psiquiátrica: a voluntária, que é aquela que se dá a pedido ou com o consentimento do paciente (mediante declaração assinada no momento da internação); a involuntária, que é a que se dá sem o consentimento do usuário e a pedido de terceiro; e, por fim, a internação compulsória, determinada por ordem judicial.

IV - Não há constrangimento ilegal na imposição de internação compulsória, no âmbito da Ação de Interdição, desde que baseada em parecer médico e fundamentada na Lei 10.216/2001. Observância, na espécie.

V - O art. 4º da Lei nº 10.216/2001, fruto de uma concepção humanística, traduz modificação na forma de tratamento daqueles que são acometidos de transtornos mentais, evitando-se que se entregue, de plano, aquele, já doente, ao sistema de saúde mental.

VI - Todavia, a ressalva da parte final do art. 4º da Lei nº 10.216/2001, dispensa a aplicação dos recursos extra-hospitalares se houver demonstração efetiva da insuficiência de tais medidas. Hipótese dos autos, ocorrência de agressividade excessiva do paciente.

VII - A via estreita do habeas corpus não comporta dilação probatória, exame aprofundado de matéria fática ou nova valoração dos elementos de prova.

VIII - Habeas Corpus substitutivo de recurso ordinário conhecido para de-negar a ordem. **(Habeas Corpus no 130155/SP - 2009/0037260- 7, 3ª Turma, Relator Ministro Massami Uyeda, j. 04/05/2010)**

A situação das pessoas compulsoriamente internadas nestas condições, exatamente pela ausência de lei disciplinadora, não encontra parâmetros de regulação e de garantias: literalmente são jogadas em um "limbo", em uma verdadeira "armadilha jurídica", da qual é praticamente impossível sair.

Com efeito, tratando-se de internação decretada a partir de medida preparatória a, ou em processo de *interdição/curatela* (jurisdição voluntária, em princípio destinada à ausência de litígio), – que evidentemente não tem por fim a restrição da liberdade, mas acautelar os direitos dos civilmente incapazes[21] -, não observa os princípios e garantias do processo penal, muito mais rígidos; não está sujeita, ainda, às garantias estabelecidas, em sede de execução penal, às medidas de segurança; *por fim – e cremos que aqui se estabelece a mais grave violação dos direitos e garantias individuais -, confere-se à internação compulsória decretada pelo juízo – cível - da família e das sucessões a possibilidade de assumir caráter perpétuo, muito mais gravosa que aquela decorrente da prática de uma infração penal por inimputável. Inverte-se aqui o princípio de "quem pode o mais pode o menos", pois quem poderia apenas o menos acaba, contraditoriamente, podendo o mais.*

O argumento de que a periculosidade e os distúrbios de personalidade justificariam a restrição da liberdade, embora tentador, não convence.

Primeiro porque o nosso sistema jurídico funda-se na responsabilidade pelo *ato*, e não pela conduta de vida ou periculosidade. Ainda não aderimos ao positivismo de Lombroso, Ferri e Garofalo ou à Defesa Social de Filippo Gramática, de forma que medidas de segurança pré-delituais parecem-nos absolutamente inconstitucionais e ilegais.

Segundo porque, conforme renomados especialistas[22], quase metade da população carcerária é composta por pessoas com transtornos de personalidade, a maior parte antissociais, sendo que de 15 a 25% são psicopatas. A prevalecer o entendimento da legalidade das internações compulsórias, de rigor a tomada de providência semelhante, ao término do cumprimento das penas, em relação a todo esse contingente, o que, todavia, se mostra não apenas materialmente inviável, mas também juridicamente ilegal, pois há muito abandonado o sistema do duplo binário e adotado o vicariante.[23]

Em síntese – e aqui terminamos nossas breves reflexões sobre o tema -, ao se admitir sem a observância dos pressupostos legais a violação dos direitos e garantias individuais, ainda que com as melhores intenções dirigidas à coletividade, provoca-se uma *quebra* do sistema jurídico vigente e, em consequência, de todo o aparato protetor que representa. Permitir o abuso, ainda que contra uma única pessoa, e tentar justificá-lo em conceitos vagos como "interesse social" e "alta periculosidade", representa, aí sim, perigoso precedente e abertura ao arbítrio, incompatível com o Estado democrático de Direito. De fato, *o rompimento de um grande dique pode iniciar-se com pequenas fissuras, aparentemente irrelevantes perante a grandiosidade da obra.*

De qualquer maneira, ainda que permaneça o entendimento pelo cabimento da internação compulsória em processo civil, forçosa a conclusão de que se cria, em tais hipóteses, uma internação de natureza *híbrida*, pois embora compulsória a sua efetivação – na medida em que judicialmente determinada -, a sua permanência ou cessação deverá seguir os trâmites da internação *involuntária*, sendo desnecessária *nova decisão judicial* para tanto. Estabelecer-se-ia, portanto, uma decisão cuja permanência de efeitos seria *condicional*, isto é, sujeita à não alteração das circunstâncias que ensejaram a internação.

4. INSTITUCIONALIZAÇÃO

4.1. Conceito e Causas. 4.2. Desinstitucionalização.

4.1. Conceito e Causas

O conceito de institucionalização está relacionado ao de "instituição total", que, como ensina Erving Goffmann - autor talvez da obra mais popular e relevante sobre a matéria - pode ser definida como um local de residência e trabalho onde um grande número de indivíduos em situação semelhante, separados da sociedade por considerável período de tempo, leva uma vida fechada e formalmente administrada.[24]

Nas instituições totais há uma divisão fundamental entre um grande grupo controlado – internados – e a equipe dirigente responsável pelo controle das ações e rotina daqueles internados.[25] Esta relação, prolongada no tempo, tende a criar uma situação de *dependência* do internado para com a instituição e, em consequência, a impossibilidade ou dificuldade de aquisição dos hábitos esperados na sociedade mais ampla. "Ao contrário do que ocorre com grande parte da hospitalização médica, a estada do paciente no hospital psiquiátrico é muito longa e o efeito muito estigmatizador para permitir que o indivíduo volte facilmente ao local social de onde veio. Como resposta à sua estigmatização e à privação que ocorre quando entra no hospital, o internado frequentemente desenvolve certa alienação com relação à sociedade civil, e que às vezes se exprime pelo fato de não desejar sair do hospital. Essa alienação pode desenvolver-se independentemente do tipo de perturbação que levou o paciente a ser internado, e constitui um efeito secundário da hospitalização, que muitas vezes tem mais significação para o paciente e seu círculo pessoal do que suas dificuldades originais."[26]

A institucionalização representa, portanto, uma forma de exclusão social mediante a internação em hospitais ou outras instituições e subsunção a tipos ou modelos psiquiátricos – doenças - descritos na literatura – saberes - médicos. Com este processo obtém-se um diagnóstico e um prognóstico - doença e desenvolvimento terapêutico para a cura – e, a partir dele, a possibilidade de exercício de controle sobre as ações do doente, diminuição do seu "eu", de sua vontade e autonomia e, em suma, de sua *condição de pessoa*. Este processo de despersonalização implica, em maior ou menor grau, a criação de uma relação de dependência entre internado/instituição e, em consequência, proporcionalmente, dificuldades para a reintegração social.

4.2. Desinstitucionalização

4.2.1. Conceito

A *desinstitucionalização* aponta para uma nova abordagem do problema da doença ou dos transtornos mentais, absolutamente distinta daquela oferecida pela psiquiatria do manicômio. O doente não mais se resume à doença e nem constitui um *objeto* do tratamento, mas passa a ostentar a condição de coparticipe da solução da situação-problema; em síntese, deixa de figurar como um *objeto* da psiquiatria para passar a ostentar a condição de *sujeito*. A desinstitucionalização, nestas condições, tem por finalidade precípua a reconstituição e, podemos também afirmar, a *libertação* das pessoas portadoras de transtornos mentais, constituindo um esforço para transformar o seu modo de viver, de sentir e trabalhar o próprio sofrimento e de (re)adaptá-la, ainda que com limitações, ao convívio social.

A desinstitucionalização é um dos objetivos da Reforma Psiquiátrica, conforme art. 5º, da Lei 10.216/201: "O paciente há longo tempo hospitalizado ou para o qual se caracterize situação de grave dependência institucional, decorrente de seu quadro clínico ou de ausência de suporte social, será objeto de política específica de alta planejada e reabilitação psicossocial assistida, sob responsabilidade da autoridade sanitária competente e supervisão de instância a ser definida pelo Poder Executivo, assegurada a continuidade do tratamento, quando necessário".

Trata-se a desinstitucionalização, portanto, de um *processo* que integra a nova política de saúde mental, que tem por objetivo a reinserção social da pessoa portadora de transtorno mental e que se desenvolve por instrumentos terapêuticos e de assistência social. Trataremos, a seguir, dos três principais instrumentos para esta reintegração: (a) CAPS; (b) auxílio-reabilitação psicossocial; (c) Residências Terapêuticas.

4.2.2. CAPS

Como primeiro dos instrumentos de desinstitucionalização, que guarda grande relevância também para a Reforma Psiquiátrica como um todo, e a opção, sempre que possível, pelos meios extra-hospitalares de tratamento, encontram-se os CAPS (Centros de Atenção Psicossocial).

CAPs são unidades de atendimento público em saúde mental em regime ambulatorial de atenção diária, que devem estar capacitadas para realizar prioritariamente o atendimento de pacientes com transtornos mentais severos e persistentes em sua área territorial, em regime de tratamento intensivo, semi-intensivo e não intensivo, e que devem funcionar em área física específica e independente de qualquer estrutura hospitalar. Trata-se de serviços predominantemente *substitutivos*, e não *complementares* aos hospitais psiquiátricos, que têm por função realizar o acompanhamento clínico e proporcionar, mediante o acesso ao trabalho, lazer, exercício dos direitos e fortalecimento dos laços familiares e sociais, a reintegração social das pessoas portadoras de transtornos mentais.

Os CAPs estão regulamentados pela Portaria GM n. 336 de 19 de fevereiro de 2002, do Ministério da Saúde.

Por atendimento intensivo compreende-se aquele destinado aos pacientes que, em função do quadro manifestado, necessitem acompanhamento diário.

Semi-intensivo é o tratamento destinado aos pacientes que necessitam de acompanhamento frequente, fixado em seu projeto terapêutico, mas não precisam estar diariamente no CAPS.

Por fim, não intensivo é o atendimento que, em função do quadro clínico, pode ter uma frequência menor.

As unidades estão divididas em CAPS I, CAPS II, CAPS III, CAPSi e CAPSad.

Os CAPS I são os serviços de menor porte, implantados em municípios com população entre 20.000 (vinte mil) e 50.000 (cinquenta mil) habitantes, e que funcionam durante os dias úteis da semana.

Os CAPS II são unidades de porte médio destinados a municípios com mais de 50.000 (cinquenta mil) habitantes, que também funcionam durante os cinco dias úteis da semana.

Os CAPS III prestam serviços de maior porte, instalados em municípios com mais de 200.000 (duzentos mil) habitantes. Funcionam de modo ininterrupto, inclusive em finais de semana e feriados e possuem, no máximo, cinco leitos, o que proporciona o acolhimento noturno e, inclusive, internação pelo período máximo de sete dias.

Os CAPSi são especializados no atendimento de crianças e adolescentes e funcionam em municípios com mais de 200.000 (duzentos mil) habitantes, durante os cinco dias úteis da semana.

Por fim, os CAPS ad (álcool e drogas) são previstos para municípios com mais de 200.000 (duzentos mil) habitantes ou cidades que, por sua localização, necessitem de atendimento especializado no tratamento de usuários de álcool e drogas.

Os CAPS ad não se confundem com as denominadas "Comunidades Terapêuticas", instituições urbanas ou rurais, públicas, privadas, comunitárias, confessionais ou filantrópicas que prestam serviços de atenção a pessoas com transtornos decorrentes do uso, abuso ou dependência de substâncias psicoativas (SPA), *em regime de residência*, e que devem ter por principal instrumento terapêutico para esse tratamento *a convivência entre os pares*.

As "Comunidades Terapêuticas" não constituem equipamentos de saúde mental e seu funcionamento somente foi regulamentado no ano de 2011, pela Resolução – RDC nº 29, de 30 de junho De 2011 da ANVISA. Sua eficácia e forma de funcionamento envolvem muitas controvérsias, pois, enquanto para alguns constitui instrumento hábil para o combate à dependência de tóxicos, para outros representa um retrocesso nas conquistas obtidas com a Lei 10.216/01, na medida em que constituiria dissimulada forma de internação asilar.

A par da controvérsia, contudo, o instituto foi definitivamente regulamentado pela Lei n. 13.840 de 05 de junho de 2019, que alterou a Lei n. 11.343 de 23 de agosto de 2006, para dispor sobre o Sistema Nacional de Políticas Públicas sobre Drogas.

A "comunidade terapêutica acolhedora" não se presta ao acolhimento de comprometimentos biológicos e psicológicos de natureza grave que mereçam atenção médico-hospitalar contínua ou de emergência, caso em que deverão ser encaminhadas à rede de saúde.

De acordo com o art. 26-A, da Lei n. 11.343/2006, as comunidades caracterizam-se por: (a) oferta de projetos terapêuticos ao usuário ou dependente de drogas que visam à *abstinência*, isto é, seu propósito deve ser a cessação do uso de drogas, e não a redução de danos; (b) adesão e permanência voluntária, formalizadas por escrito, entendida como uma etapa transitória para a reinserção social e econômica do usuário ou dependente de drogas. Não se confunde, pois, com qualquer modalidade de *internação*, expressamente vedada, aliás, em tal espécie de estabelecimento (art. 23-A, § 10, da Lei n. 11.343/2006); (c) ambiente residencial, portanto sem qualquer característica hospitalar, propício à formação de vínculos, com a convivência entre os pares, atividades práticas de valor educativo e a promoção do desenvolvimento pessoal, vocacionada para acolhimento ao usuário ou dependente de drogas em vulnerabilidade social; (d) avaliação médica prévia; (e) plano individual de atendimento, com elaboração de projeto terapêutico e medidas específicas de atenção à saúde; (f) vedação de isolamento físico do usuário ou dependente de drogas.

4.2.3. Auxílio-reabilitação psicossocial – Lei n. 10.708/2003

Outro instrumento de grande relevância para a desinstitucionalização e reinserção social dos portadores de transtornos mentais é o auxílio-reabilitação psicossocial, instituído e regulamentado pela Lei n. 10.708, de 31 de julho de 2003.

Consiste o benefício, nos termos da citada lei, em pagamento mensal de auxílio pecuniário cujo valor é fixado a cada quatro anos mediante Portaria do Ministério da Saúde, pelo prazo de um ano, com possibilidade de renovação quando necessário aos propósitos da reintegração social do paciente, destinado a pessoas acometidas de transtornos mentais, egressas de internações. O valor do benefício pode ser reajustado de acordo com a disponibilidade orçamentária.[27]

Para a obtenção do benefício devem ser observados os seguintes requisitos, cumulativamente: (a) tratar-se de egresso de internação psiquiátrica cuja duração tenha sido, comprovadamente, por um período igual ou superior a dois anos, computando-se, em tal prazo, a permanência em serviço residencial terapêutico; (b) a situação clínica e social do paciente não justificar a permanência em ambiente hospitalar e indicar tecnicamente a possibilidade de inclusão em programa de reintegração social; (c) necessidade de auxílio financeiro; (d) expresso consentimento do paciente, ou de seu representante legal, em se submeter às regras do programa; (e) seja garantida ao beneficiado a atenção continuada em saúde mental, na rede de saúde local ou regional.

O benefício será suspenso em hipóteses de reinternação em hospital psiquiátrico ou quando alcançados os objetivos de reintegração social e autonomia do paciente, e será interrompido, em caso de óbito, no mês seguinte ao do falecimento do beneficiado.

4.2.4. Serviço Residencial Terapêutico

Os Serviços Residenciais Terapêuticos (SRTs) ou "Residências Terapêuticas" foram criados pela Portaria/GM n. 106 de 11 de fevereiro de 2000, do Ministério da Saúde – anterior, portanto, à vigência da Lei 10.216/01 -, e integram o Sistema Único de Saúde (SUS) como instrumento de atendimento aos portadores de transtornos mentais.

Trata-se de casas ou moradias preferencialmente inseridas na comunidade, destinadas a substituir as internações psiquiátricas prolongadas e cuidar dos portadores de transtornos mentais, egressos de internações psiquiátricas de longa permanência, que não possuam suporte social e laços familiares, e que viabilizem sua inserção social. Sua estrutura física, tendo por fim a desinstitucionalização dos usuários, deve ser situada fora dos limites de unidades hospitalares gerais ou especializadas.

Cumpre aos Serviços Residenciais Terapêuticos garantir assistência aos portadores de transtornos mentais com grave dependência institucional, que não tenham possibilidade de desfrutar de inteira autonomia social e não possuam vínculos familiares e de moradia. Além disso, cumpre-lhes atuar como unidade de suporte destinada, prioritariamente, aos portadores de transtornos mentais submetidos a tratamento psiquiátrico em regime hospitalar prolongado, e promover a reinserção destes pacientes à vida comunitária. São ao mesmo tempo, pois, equipamentos de saúde destinados a garantir o direito à moradia dos egressos dos hospitais psiquiátricos, e instrumentos auxiliares no processo de reintegração à comunidade.

O projeto terapêutico de tais serviços, por sua vez, deve ser centrado nas necessidades dos usuários, visando à construção progressiva da sua autonomia nas atividades da vida cotidiana e à ampliação da inserção social; ter como objetivo central contemplar os princípios da reabilitação psicossocial, mediante o oferecimento de um amplo projeto de reintegração social, por meio de programas de alfabetização, de reinserção no trabalho, de mobilização de recursos comunitários, de autonomia para as atividades domésticas e pessoais e de estímulo à formação de associações de usuários, familiares e voluntários e, por fim, respeitar os direitos do usuário como cidadão e como sujeito em condição de desenvolver uma vida com qualidade e integrada ao ambiente comunitário.

A Portaria GM n. 3.090 de 23 de dezembro de 2011 – e seus anexos – do Ministério da Saúde regulamentou a divisão dos Serviços Residenciais Terapêuticos em dois tipos (tipo I e tipo II).

O SRT tipo I deve acolher no mínimo 4 (quatro) e no máximo 8 (oito) moradores, não podendo exceder esse número.

Cada módulo residencial deverá estar vinculado a um serviço/ equipe de saúde mental de referência que dará o suporte técnico profissional necessário ao serviço residencial. O acompanhamento dos moradores das residências deve estar em consonância com os respectivos projetos terapêuticos individuais. Tal suporte focaliza-se no processo de reabilitação psicossocial e inserção dos moradores na rede social existente (trabalho, lazer, educação, entre outros).

Cada módulo poderá contar com um cuidador de referência. A incorporação deste profissional deve ser avaliada pela equipe técnica de acompanhamento do SRT, vinculada ao equipamento de saúde de referência e ocorrerá mediante a necessidade de cuidados de cada grupo de moradores, levando-se em consideração o número e o nível de autonomia dos moradores.

O ambiente doméstico deve observar os parâmetros previstos pela Portaria n. 106.

O SRT tipo II trata-se de modalidade de moradia destinada àquelas pessoas com maior grau de dependência, que necessitam de cuidados intensivos específicos, do ponto de vista da saúde em geral, e que demandam ações mais diretivas com apoio técnico diário e pessoal, de forma permanente.

Este tipo de SRT deve acolher no mínimo 4 (quatro) e no máximo 10 (dez) moradores.

O encaminhamento de moradores para SRTs tipo II deve ser previsto no projeto terapêutico elaborado por ocasião do processo de desospitalização, focado na reapropriação do espaço residencial como moradia, na construção de habilidades para a vida diária, referentes ao autocuidado, alimentação, vestuário, higiene, formas de comunicação e aumento das condições para estabelecimento de vínculos afetivos, com a sua consequente inserção na rede social existente.

O ambiente doméstico também deve observar as disposições da Portaria n. 106, levando em consideração adequações/adaptações no espaço físico que melhor atendam às necessidades dos moradores.

Cada módulo residencial deverá estar vinculado a um serviço/equipe de saúde mental de referência que dará o suporte técnico profissional necessário ao serviço residencial e contar com cuidadores de referência e um profissional técnico de enfermagem. Para cada grupo de 10 (dez) moradores orienta-se que a residência terapêutica seja composta por 5 (cinco) cuidadores em regime de escala e 1 (um) profissional técnico de enfermagem diário. Esta equipe deve estar em consonância com a equipe técnica do serviço de referência.

O aumento da rede de Residências Terapêuticas parece-nos um

processo irreversível, extremamente benéfico à reintegração social dos portadores de transtornos mentais que por longo tempo permaneceram internados, pois apto a, por um lado, lhes conferir paulatinamente maior autonomia e inserção na comunidade, diminuindo a dependência institucional prejudicial aos projetos terapêuticos e, por outro, proporcionar à própria comunidade uma visão diferente dos fenômenos relativos à saúde mental e, principalmente, a percepção da existência de *pessoas reais*, que possuem por vezes graves problemas, mas também objetivos, sentimentos e emoções, sob o estigma da "loucura". A aproximação da comunidade possibilita o esclarecimento – bilateral – e o exercício da empatia, meio eficaz para afastar ou ao menos diminuir os comportamentos de exclusão social.

5. ASPECTOS PENAIS

5.1. Inimputabilidade Penal. 5.2. Medidas de Segurança

5.1. Inimputabilidade Penal

5.1.1. Conceito

O legislador penal brasileiro optou pela formulação de um conceito negativo ou indireto da imputabilidade: conceituou a inimputabilidade, com o quê, por exclusão – aquele que não for inimputável -, chega-se à noção de imputabilidade.

Dispõe o art. 26, *caput*, do Código Penal, que se considera inimputável o agente que, por doença mental ou desenvolvimento mental incompleto ou retardado, era, ao tempo da conduta, totalmente incapaz de entender o caráter ilícito do fato ou de determinar-se de acordo com esse entendimento.

Invertendo-se o conceito, pode-se afirmar, desde logo, que é imputável o agente que *não porta* doença mental e possui *desenvolvimento mental pleno*. De igual modo, não há falar em inimputabilidade em relação ao indivíduo que, embora mentalmente deficiente ou enfermo, era, no momento da ação, plena ou parcialmente capaz de entender o caráter ilícito do fato *e* de determinar-se de acordo com esse entendimento.[28]

A imputabilidade, portanto, representa a capacidade psíquica de *entender e querer* e de *portar-se de acordo com esse entendimento e vontade*; ou – como afirma Bettiol – "o complexo de determinadas condições psíquicas que possibilitam referir um fato a um indivíduo, como seu autor, com consciência e vontade".[29]

5.1.2. Métodos de aferição

Três são os métodos de aferição da inimputabilidade.

O primeiro método – *biológico* – considera inimputável o agente portador de doença mental, sem a necessidade de considerações a respeito de sua possibilidade, na situação concreta, de conhecer a ilicitude do fato e de autodeterminar-se de acordo com esse entendimento.

Como ressalta Maximiliano Führer, no entanto: "Este juízo antecipado é impertinente, na medida em que despreza os intervalos lúcidos ou bonanças com que as doenças, por vezes, brindam suas vítimas. Longe do surto, ao paciente pode ser possível alcançar o pleno conhecimento do fato e portar-se de acordo com esse entendimento".[30]

O segundo sistema – *psicológico* – prescinde da deficiência mental do indivíduo, pois considera inimputáveis aqueles que, por qualquer causa, no momento do fato, não tinham a capacidade de apreender o caráter ilícito da ação e de determinar-se segundo essa compreensão.

Critica-se este método por instaurar a insegurança jurídica, na medida em que "não evita, na prática, um demasiado arbítrio judicial ou a possibilidade de um extensivo reconhecimento da ir-responsabilidade, em antinomia ao interesse de defesa social".[31]

Por fim, o sistema *biopsicológico*, acolhido por nosso legislador, soma os requisitos dos métodos acima expostos, resolvendo de forma mais completa o problema: inimputável será o indivíduo portador de defeito – ou transtorno – mental que, por esta circunstância, não tem capacidade de conhecer a proibição legal ou de portar-se de acordo com esse conhecimento apreendido.

Este modelo, *restrito*, "impõe a existência de uma doença mental comprovada pelos médicos e que constitui pressuposto indispensável para a declaração de inimputabilidade. Há uma presunção de capacidade do indivíduo adulto, que só pode ser ilidida perante a comprovação de um estado patológico que afecte as suas faculdades normais".[32]

A inimputabilidade, assim, refere-se sempre a determinado fato – e seu contexto -, mas traz como pré-requisito a doença mental *determinante* para a realização da conduta.

5.1.3. As Causas da Inimputabilidade

Como adverte Reyes Echandía, o conceito de *doença mental* não é jurídico, mas psiquiátrico, competindo à ciência da psiquiatria descrever a sintomalogia das enfermidades mentais, classificá-las e precisar em cada caso a espécie de anomalia mental da qual padece uma pessoa.[33]

Para efeito de inimputabilidade penal, reputa-se doença mental "toda manifestação nosológica, de cunho orgânico, funcional ou psíquico, episódica ou crônica, que pode, eventualmente, ter como efeito a situação de incapacidade psicológica do agente de entender o caráter ilícito do fato ou de determinar-se de acordo com esse entendimento. Não é necessário que cause os dois efeitos (falta de entendimento e impossibilidade de autodeterminação) ao mesmo tempo; basta um".[34]

Assim, a verificação da existência da doença mental – como salienta Carlota Pizarro de Almeida – cabe aos psiquiatras, "pois só eles, como especialistas, poderão avaliar de modo científico (ainda que com todas as insuficiências que a psiquiatria apresenta, mesmo nos dias de hoje, como ciência) o estado mental do indivíduo e as patologias que eventualmente apresente (...). Sobre a existência da doença mental, só o perito poderá, naturalmente, pronunciar-se. E, caso o parecer [laudo produzido no incidente de insanidade mental, nos termos dos artigos 149 e seguintes do Código de Processo Penal] seja no sentido de não se verificarem quaisquer patologias, a decisão só pode ser no sentido da imputabilidade do argüido".[35]

Ao lado das doenças mentais propriamente ditas, apresenta-se como causa possível da inimputabilidade o *desenvolvimento mental incompleto ou retardado*, que retira do agente a possibilidade de entender o caráter ilícito do fato ou de portar-se de acordo com tal entendimento.

Trata-se das *oligofrenias*, que podem ser conceituadas como "insuficiências congênitas, ou pelo menos muito precoces, do desenvolvimento da inteligência e se opõem classicamente às demências, que são deteriorações de uma inteligência que havia se desenvolvido naturalmente"[36]; ou, como ensina Elie Cheniaux: "um desenvolvimento interrompido ou incompleto da mente, com um nível global de inteligência reduzido (QI < 70), levando a um significativo prejuízo no funcionamento adaptativo. É o resultado de uma aquisição deficiente das aptidões cognitivas, de linguagem, motoras e sociais".[37]

Por fim, a Lei de Tóxicos (Lei n. 11.343 de 23 de agosto de 2006), em seu art. 45, prevê a isenção de pena ao agente que, em razão de *dependência* era, ao tempo da ação ou omissão, qualquer que tenha sido a ação penal praticada, inteiramente incapaz de entender o caráter ilícito do fato ou de determinar-se de acordo com esse entendimento.

Em tal caso, nos termos do parágrafo único do citado artigo, quando o agente for absolvido, com o reconhecimento, por força pericial, da dependência e da incapacidade de entender/querer, poderá o juiz determinar, em sentença, o seu encaminhamento para *tratamento médico* adequado.

Assim, para que se caracterize a "inimputabilidade por dependência", não basta o vício em drogas, mas se exige também que tal vício cause os mesmos prejuízos cognitivos e/ou volitivos de doença mental incapacitante, isto é, que o agente, por força da dependência em tóxicos, resulte incapaz de entender o caráter ilícito de seu comportamento ou de portar-se de acordo com esse entendimento.

5.1.4. A Diminuição da Reprovabilidade

O parágrafo único do art. 26, do Código Penal, traz uma causa especial de diminuição de pena, que grande parte da doutrina e da jurisprudência "acostumou-se" a chamar de "semi-imputabilidade", nomenclatura que foi incorporada pela legislação com a vigência da Lei n. 12.403/11, que previu a possibilidade de internação provisória para os inimputáveis e *semi-imputáveis*.

O termo, entretanto, é equivocado, pois – como ressalta Nélson Hungria – imputabilidade e inimputabilidade "são antônimos, como vida e morte. Não é imaginável um meio-termo entre uma e outra. *Non datur terium sive medium inter duo contradictoria*. A responsabilidade não tem graus. O que é suscetível de gradação é a culpabilidade, como medida de gravidade do crime e da pena".[38]

No mesmo sentido posiciona-se Zaffaroni, para quem a matéria em questão "de modo algum pode ser considerada como uma "meia-imputabilidade", o que careceria de sentido. Muito menos cabe falar de categorias absurdas como a dos "semi-alienados", "semi-imputáveis", etc., que na Psiquiatria freqüentemente são designados como *border-line* ou "fronteiriços", expressões todas que, no fundo, encerram uma imprecisão diagnóstica. É absolutamente inconcebível, na Psiquiatria contemporânea, que um médico informe que um sujeito pode ser qualificado como "meio-louco" ou outra expressão equivalente que não faz mais do que encobrir esta expressão vulgar".[39]

De fato, ou o agente possui a capacidade de compreender e de querer, no caso concreto, ou esta não se apresenta. Não há como se reconhecer a existência de uma semiconsciência da ilicitude – o conhecimento profano já exclui a inconsciência – ou de uma "meia-possibilidade" de autodeterminação, pois ou o agente pode reagir a seus impulsos, ou simplesmente é levado à prática do ato.

Assim, cuida realmente o dispositivo em análise de uma causa de diminuição de pena, prevista para os casos em que, em virtude de perturbação mental, apresentou-se ao sujeito uma maior dificuldade de apreender a categoria típica e o valor por ela preservado, e/ou de determinar-se de acordo com essa consciência. Trata-se, portanto, do reconhecimento, pela presença dessas circunstâncias, de uma *menor reprovabilidade (pessoal) da conduta*, da diminuição da culpabilidade do sujeito que, no caso concreto, embora mentalmente perturbado, era imputável.

Note-se que o dispositivo, ao contrário do *caput*, refere-se a "perturbação mental", e não a "doença mental" – o que amplia o seu cabimento para hipóteses como o puerpério, as oligofrenias menos graves ou limítrofes e outras alterações de estados de consciência e de ânimo que não podem ser classificadas como doenças mentais.

Verificada a maior dificuldade do agente de compreender ou de portar-se de acordo com a prescrição normativa, cabe ao juiz diminuir a pena de um a dois terços, na proporção correspondente à redução da censurabilidade (culpabilidade).

Logo, pode-se afirmar que a redução da pena, nesta hipótese, é obrigatória, pois quando a perturbação mental acarreta uma maior dificuldade de conhecimento ou de autodeterminação, traz sempre também, como conseqüência, uma *diminuição do grau de censura penal*; e, reduzida a culpabilidade, impõe-se que a pena guarde com ela uma relação de proporcionalidade.

5.1.5. Emoção e Paixão

Coerente com o método biopsicológico adotado por nosso sistema, o legislador penal brasileiro excluiu, de forma expressa, a emoção e a paixão como fatores de inimputabilidade (art. 28, I, do CP).

A emoção, sob a perspectiva técnica ou psicológica corresponde, como sustenta Antonio Gomes Penna, valendo-se das lições de D.O. Hebb, a "um estado especial de vigilância acompanhado de processos de meditação que tendem a excitar o comportamento. Tal estado tanto pode se revelar construtivo, tornando o comportamento mais eficiente, como destrutivo; tanto fortalecedor, como debilitador".[40]

Em sentido próximo – mas não idêntico -, tomou o legislador a *emoção* como fator de não exclusão da imputabilidade. Trata-se, para o direito penal, da comoção psíquica *inesperada e breve* acarretada pela exacerbação de um sentimento, "um estado de ânimo que, sob uma impressão atual, produz violenta e transitória perturbação do equilíbrio psíquico".[41]

A *paixão*, por sua vez, representa a *intensificação* da emoção, que passa a ter caráter duradouro e contínuo. Como bem observa Paulo José da Costa Júnior: "A paixão está para a emoção como em patologia o estado crônico está para o estado agudo. Pela sua intensidade, Kant compara a emoção à violência da torrente que rompe o dique. A paixão assemelha-se à corrente que lentamente vai escavando, mais e mais, o leito do rio."[42]

A emoção e a paixão não excluem a imputabilidade porque não

configuram *doença mental* ou *desenvolvimento mental incompleto ou retardado* e por não retirarem do agente sua capacidade de compreensão e de opção entre valores. Embora afetem o ânimo, tal afetação não é suficiente para afastar os elementos cognitivo e volitivo do dolo – e da imputabilidade – e nem para excluir a *autonomia* e *liberdade* do indivíduo.[43]

Jean-Paul Sartre bem explica que tanto a vontade refletida, como a paixão, constituem atitudes subjetivas distintas em relação a certos fins, mas que não os criam. "Assim, a liberdade, sendo assimilável à minha existência, é fundamento dos fins que tentarei alcançar, seja pela vontade, seja por esforços passionais (...) as volições são, ao contrário, tal como as paixões, certas atitudes subjetivas através das quais procuramos atingir os fins posicionados pela liberdade original", de forma que "A liberdade nada é senão a *existência* de nossa vontade ou nossas paixões", e o que cabe "decidir a cada instante é a maneira como irei conduzir-me em relação a eles [os fins], ou, dito de outro modo, a atitude que vou tomar. Serei voluntário ou apaixonado?"[44]

Isto não significa, no entanto, que a emoção e a paixão são irrelevantes para o direito penal. Ao contrário, o art. 65, III, *c*, do Código Penal, estabelece como atenuante genérica a violenta emoção, provocada por ato injusto da vítima; e os artigos 121, § 1º, e 129, § 4º, ambos do mesmo diploma legal, estabelecem como causas de diminuição de pena, respectivamente para os delitos de homicídio e lesão corporal dolosa, as mesmas circunstâncias.

Além disso, entendemos que a emoção e a paixão, em que pese a não caracterizarem, por si sós, *doença mental*, podem eventualmente, de acordo com o seu grau, *desencadear processos mórbidos incapacitantes* – que seriam, então, as verdadeiras causas diretas da inimputabilidade – ou *perturbação da saúde mental* redutora da capacidade de compreensão e autodeterminação, apta a ensejar a diminuição da reprovação social – culpabilidade – sobre o ato (art. 26, parágrafo único, do Código Penal).

O que pretendeu o legislador, portanto, ao dispor que a emoção e a paixão não excluem a imputabilidade não foi desconsiderar estes estados psíquicos para a aplicação da lei penal, mas preservar a *integridade do critério biopsicológico* para aferição da inimputabilidade e afastar a incidência, por vias transversas, do método psicológico puro e dos conseqüentes perigos que lhe são ínsitos.

5.1.6. Embriaguez

Por "embriaguez" compreende-se – como ensina Bento de Faria – a intoxicação caracterizada pela perturbação da sensibilidade e das funções orgânicas e intelectuais.[45]

Dispõe o art. 28, II, do Código Penal que a "embriaguez voluntária ou culposa", causada "pelo álcool ou substância de efeitos análogos" não constitui fundamento apto a excluir o juízo – positivo – de imputabilidade.

O § 1º do mesmo artigo excepciona a hipótese de "embriaguez completa, proveniente de *caso fortuito ou força maior*", e que incapacita o agente para entender o caráter ilícito do fato ou determinar-se de acordo com esse entendimento. Neste caso, ausentes o dolo ou a culpa do agente para a causação do estado alterado, possível a isenção de pena.

O tratamento legal dispensado à questão da embriaguez revela que optou o legislador, na matéria, por adotar a teoria da *actio libera in causa*, segundo a qual aquele que se coloca voluntariamente em um estado de maior frouxidão dos freios inibitórios deve responder penalmente pelos atos praticados nessa condição, em virtude da existência de um *nexo psíquico*, ainda que residual – ou indireto – entre o ato de embriagar-se e o evento criminoso.

Assim, aquele que, de forma preordenada, embriaga-se com o fim de cometer determinado delito, age com o elemento subjetivo completo, pois em sua ação imediatamente anterior à execução já se encontra o dolo.

A embriaguez preordenada, aliás, constitui agravante genérica, nos termos do ar.t 65, II, *i*, do Código Penal.

Também o sujeito que se embriaga e comete um crime, embora não de forma preordenada, mas tendo previsto que nesse estado poderia vir a cometê-lo, deve responder pela perpetração do ilícito, uma vez que assume o risco de produção do resultado lesivo, e age, portanto, imbuído de dolo eventual.

Se a teoria da *actio libera in causa* é adequada para resolver estas duas situações – o que não enseja maiores controvérsias na doutrina -, o mesmo não se pode dizer para as hipóteses em que o agente, embriagando-se voluntária ou culposamente, prevê a eventualidade de cometer um ilícito, mas, levianamente, crê na sua não-ocorrência (culpa consciente), ou quando não prevê a possibilidade, apesar de lhe ser possível prevê-la (culpa inconsciente).

Isto porque, nestes casos, nem no antecedente, nem no ato em si – com vício de vontade e de determinação causado pela alteração psíquica decorrente da embriaguez -, se pode cogitar da presença de dolo no tipo; e, ausente o dolo, inviável a imputação do fato a este título, por força da responsabilidade penal subjetiva, que tem suas raízes fixadas na Constituição Federal e que não comporta exceções pela legislação hierarquicamente inferior.

Correta, portanto, a nosso ver, a conclusão de Francisco de Assis Toledo ao sustentar que considerar dolosos os crimes nesses casos "constitui uma conjugação de dolo e culpa, criação não menos monstruosa do que a já referida na citação de Binding",[46] e, mais do que isso, verdadeira presunção – absoluta, já que não permite demonstração em contrário – de dolo, que caracteriza indevida – e inconstitucional – responsabilidade objetiva.

Logo, nessas situações de embriaguez, voluntária ou culposa, em que não pretende o sujeito a realização do tipo e nem assume de forma consciente o risco de sua produção, somente será possível a imputação pela modalidade culposa, obviamente se prevista em lei; jamais, contudo, a imputação do tipo doloso.

5.2. Medidas de Segurança

5.2.1. Conceito e Natureza

São as medidas de segurança providências privativas ou restritivas da liberdade do indivíduo inimputável ou semi-imputável, autor de um fato penalmente típico e ilícito, impostas pelo Estado-juiz, que têm um caráter eminentemente curativo, assistencial e preventivo-especial.

Com a reforma da Parte Geral de 1984, que adotou o sistema *vicariante* – impossibilidade de aplicação cumulativa de penas e medidas de segurança e imposição destas aos imputáveis -, não mais pode ser interpretada como penal, ao menos em um sentido *material*, a natureza jurídica das medidas de segurança, pois não têm elas caráter sancionatório, não derivam da culpabilidade do agente – reprovabilidade do comportamento -, não observam qualquer proporcionalidade em relação à conduta ilícita praticada – mas sim com a *periculosidade* do autor do fato típico – e não implicam absolutamente nenhum efeito preventivo-geral – quer de intimidação (prevenção geral negativa), quer de valorização do bem jurídico atingido (prevenção geral positiva).

Além disso, como sustentam Zaffaroni e Pierangeli: "Não se pode considerar penal um tratamento médico e nem mesmo a custódia psiquiátrica. Sua natureza nada tem a ver com a pena, que desta se diferencia por seus objetivos e meios. Mas as leis penais impõem um controle formalmente penal (...)".[47]

Possuem as medidas segurança, portanto, natureza dúplice: formalmente caracterizam-se como institutos do sistema punitivo, face ao controle exercido e à aplicação pelo juiz penal, e à necessidade de ocorrência de uma conduta típica para a sua imposição;

materialmente, entretanto, não se vislumbra esse caráter penal, pois não podem ser caracterizadas como sanções[48], não possuem prazos definidos de duração e têm finalidade substancialmente curativa e assistencial. Materialmente, pois, são as medidas de segurança institutos de natureza essencialmente pertencentes ao direito administrativo, integrantes do *direito sanitário*.

5.2.2. Espécies

A nova parte geral do Código Penal estabeleceu apenas medidas de segurança para os inimputáveis ou semi-imputáveis, que atingem eminentemente o direito de ir e vir de seu sujeito passivo.

Foram excluídas com a reforma, assim, as medidas de segurança patrimoniais e as pessoais não detentivas, que vigoravam no regime anterior.

Duas foram as espécies de medidas de segurança admitidas pelo novo sistema: a *internação* e o *tratamento ambulatorial*.

A primeira, medida detentiva, consiste na internação em hospital de custódia e tratamento ou, à falta deste, em estabelecimento adequado.

Por estabelecimento adequado deve-se entender aquele que permita a execução do tratamento *curativo*, de caráter *terapêutico* ao sujeito, que possibilite tentativa de reduzir a sua periculosidade e reintegrá-lo à sociedade.

Desse modo, à eventual falta de hospital de custódia e tratamento, não se pode prosseguir o cumprimento da medida de segurança em cadeia pública, centro de detenção ou penitenciária, pois tais estabelecimentos, evidentemente, não oferecem qualquer hipótese de tratamento ao inimputável ou semi-imputável, não são adequados a tal finalidade. A manutenção do inimputável em estabelecimento penal sem condições para o efetivo tratamento constitui excesso ou desvio de execução, constrangimento ilegal sanável por *habeas corpus*. Com esta orientação a jurisprudência do TJSP, do STJ e do STF. Para ilustrar:

Constrangimento ilegal - Ocorrência - "Habeas corpus" concedido.

Estando o paciente cumprindo pena em regime fechado, e estabelecido na r. sentença a aplicação de medida de segurança, consistente em internação em hospital de custódia e tratamento psiquiátrico, tal constitui patente constrangimento ilegal sanável por "habeas corpus", cuja ordem se concede para que ele seja colocado em estabelecimento adequado (TJSP – HC n. 0208469-71.2011 – 14ª Câmara Criminal – Rel. Wilson Barreira – j. 16.02.2012)

Habeas Corpus - Paciente absolvido sumariamente, com a imposição de medida de segurança, consistente em internação em hospital psiquiátrico - Paciente que se encontra custodiado em Penitenciária aguardando vaga em hospital psiquiátrico - Ilegalidade verificada Ofensa ao art. 96, I, CP e art. 99, da LEP Precedentes do STJ Concessão parcial da ordem, a fim de que o paciente seja transferido para hospital de custódia e tratamento psiquiátrico, no prazo máximo de 30 (trinta) dias. Não sendo obtida a vaga ao final do prazo mencionado, expeça-se alvará de soltura. (TJSP – HC n. 0255936-46.2011 – 16ª Câmara Criminal – Rel. Borges Pereira – j. 14.02.2012)

HABEAS CORPUS. EXECUÇÃO PENAL. SENTENCIADO INIMPUTÁVEL. ABSOLVIÇÃO IMPRÓPRIA. IMPOSIÇÃO DE MEDIDA DE SEGURANÇA. INTERNAÇÃO EM HOSPITAL DE CUSTÓDIA E TRATAMENTO PSIQUIÁTRICO. FALTA DE VAGA. RECOLHIMENTO EM PRESÍDIO COMUM. DELONGA DESARRAZOADA. CONSTRANGIMENTO ILEGAL CARACTERIZADO. ORDEM CONCEDIDA.

1. Este Tribunal Superior possui jurisprudência sedimentada no sentido de que configura constrangimento ilegal o recolhimento em presídio comum, por prazo desarrazoado, de sentenciado submetido a medida de segurança consistente em internação em hospital de custódia e tratamento psiquiátrico ou equivalente, não podendo ser aceita a mera justificativa de falta de vagas no estabelecimento adequado.

2. Ordem concedida para determinar a imediata transferência do paciente para hospital de custódia e tratamento psiquiátrico ou outro esta-

belecimento adequado, devendo, na falta de vaga, ser submetido a regime de tratamento ambulatorial, até que surja a vaga correspondente.

(STJ - HC 211.750/SP, Rel. Ministro VASCO DELLA GIUSTINA (DESEMBARGADOR CONVOCADO DO TJ/RS), SEXTA TURMA, julgado em 11/10/2011, DJe 26/10/2011)

HABEAS CORPUS. EXECUÇÃO PENAL. MEDIDA DE SEGURANÇA. AUSÊNCIA DE VAGA EM HOSPITAL DE CUSTÓDIA E TRATAMENTO PSIQUIÁTRICO. ESTABELECIMENTO PRISIONAL COMUM. CONSTRANGIMENTO ILEGAL. ORDEM CONCEDIDA.

I. Imposta medida de segurança de internação, configura constrangimento ilegal a submissão do réu ao cumprimento de pena em presídio comum por mais de 01 ano, em razão da falta de hospital de custódia e tratamento psiquiátrico ou outro estabelecimento adequado.

II. A insuficiência de recursos do Estado e a gravidade do delito praticado não servem como fundamentação idônea a ensejar a manutenção do paciente em regime prisional comum, quando lhe foi imposta medida de segurança.

III. Ordem concedida para determinar a transferência do paciente para hospital de custódia e tratamento psiquiátrico ou outro estabelecimento adequado, devendo, na falta de vaga, ser submetido a regime de tratamento ambulatorial, até que surja vaga em estabelecimento adequado à sua condição.

(STJ - HC 207.019/SP, Rel. Ministro GILSON DIPP, QUINTA TURMA, julgado em 18/08/2011, DJe 31/08/2011)

EMENTA: HABEAS CORPUS. HOMICIDIO. INIMPUTABILIDADE. MEDIDA DE SEGURANÇA. PERICIA MEDICA. PERICULOSIDADE: CESSAÇÃO. Sentença absolutória (art. 26-caput do Código Penal) que impõe medida de segurança (artigo 96-I do CP) consistente em internação pelo prazo mínimo de um ano e determina a prisão do paciente em estabelecimento adequado enquanto não verificada, mediante pericia medica, a cessação da periculosidade. Demora na realização do exame que, frente ao estatuído na sentença singular, reclama a transferência do réu -- reconhecidamente inimputável -- da penitenciaria para estabelecimento adequado ao cumprimento da medida de segurança, a vista das condições psíquicas do paciente. Habeas corpus concedido. (STF - HC 71733, Relator(a): Min. FRANCISCO REZEK, Segunda Turma, julgado em 22/11/1994, DJ 10-08-1995 PP-23555 EMENT VOL-01795-01 PP-00138)

Quanto ao tratamento ambulatorial, consiste em medida que não exige a internação do agente, pois a sua periculosidade – e tratamento – não pressupõe o afastamento imediato do convívio social.

Trata-se, portanto, de medida também de cunho curativo, mas que não necessita da privação da liberdade do indivíduo, mas somente de mera restrição, no grau suficiente à realização do tratamento do inimputável ou semi-imputável de periculosidade atenuada. Concretiza-se mediante o comparecimento do indivíduo ao hospital de custódia e tratamento, ou outro estabelecimento com dependência médica adequada, nos termos do art. 101, da Lei de Execução Penal.

5.2.3. Pressupostos para a aplicação

A imposição de medidas de segurança exige, basicamente, a ocorrência de três pressupostos previstos nos artigos 96 e seguintes, do Código Penal.

O primeiro pressuposto consiste na prática pelo agente de um *fato típico e ilícito*. Ausente a adequação da conduta ao modelo legal de comportamento desvalorado – tipicidade -, ou ainda, não ocorrendo a ilicitude, pela presença de uma das causas de justificação – legítima defesa, estado de necessidade, estrito cumprimento de dever legal ou exercício regular de direito -, dar-se-á a *absolvição própria*, sem consequências para o autor do fato, e não a *imprópria*, que admite a aplicação de medida de segurança.

O segundo requisito é a prova de tratar-se o autor do ilícito de *inimputável* ou *semi-imputável*, sendo que, para os semi-imputáveis, a imposição de medida de segurança tem caráter *substitutivo* e *facultativo*, por se tratar de providência mais adequada no caso concreto. A revelação dessa condição depende, necessariamente, de exame pericial.

Por fim, ainda como requisito para a imposição de medida de segurança, encontra-se a *periculosidade* do agente, que se trata da tendência do indivíduo praticar novos ilícitos, um prognóstico desfavorável quanto ao seu comportamento social.

Para os inimputáveis a periculosidade é presumida, face à prática de um fato típico e ilícito. Presume-se, portanto, que a realização de um injusto é indicativa da propensão a um comportamento socialmente danoso. Quanto aos semi-imputáveis, a periculosidade é de aferição obrigatória pelo juiz, fundado tal reconhecimento, em sentença, nas provas constantes dos autos.

5.2.4. Imposição

Ao autor de um fato típico e ilícito, cuja inimputabilidade tenha sido reconhecida em sentença, prevê o Código Penal a aplicação, em regra, de medida de segurança de internação por tempo indeterminado, pelo prazo mínimo de 01(um) a 03(três) anos. A permanência desta regra, diante dos postulados da Lei 10.216/01, e o caráter absoluto ou relativo da presunção de periculosidade será, em vista da relevância da matéria, objeto de um item apartado neste capítulo (5.2.6).

Se o fato típico, todavia, for punido com detenção, dispõe o Código Penal que poderá o juiz, diante das circunstâncias do caso concreto e desde que se convença da menor periculosidade do agente, submetê-lo a tratamento ambulatorial.

Tratando-se de semi-imputável, como já afirmado, a medida de segurança não é fruto de absolvição imprópria, mas decorre de decisão condenatória e possui caráter de providência substitutiva da pena privativa de liberdade.

Tal substituição, contudo, somente será viável na hipótese de reconhecer o juiz a periculosidade do agente do delito, e a necessidade de sua submissão a especial tratamento curativo.

5.2.5. Cessação da periculosidade

A execução da medida de segurança não tem, pelos termos da lei, prazo para o seu final, que dependeria da verificação da cessação da periculosidade do agente, mediante perícia médica. Tal incidente está disciplinado pela Lei de Execução Penal, em seus artigos 175 e seguintes.

O Supremo Tribunal Federal, entretanto, fixou o entendimento no sentido de que o tempo de duração da medida de segurança não poderá ultrapassar o limite máximo de trinta anos. Atingido tal prazo, se ainda presente a periculosidade do agente, a medida de segurança deverá ser extinta, transferindo-se o paciente para hospital psiquiátrico em regime de internação involuntária.

EMENTAS: AÇÃO PENAL. Réu inimputável. Imposição de medida de segurança. Prazo indeterminado. Cumprimento que dura há vinte e sete anos. Prescrição. Não ocorrência. Precedente. Caso, porém, de desinternação progressiva. Melhora do quadro psiquiátrico do paciente. HC concedido, em parte, para esse fim, com observação sobre indulto. 1. A prescrição de medida de segurança deve calculada pelo máximo da pena cominada ao delito atribuído ao paciente, interrompendo-se-lhe o prazo com o início do seu cumprimento. 2. A medida de segurança deve perdurar enquanto não haja cessado a periculosidade do agente, limitada, contudo, ao período máximo de trinta anos. 3. A melhora do quadro psiquiátrico do paciente autoriza o juízo de execução a determinar procedimento de desinternação progressiva, em regime de semi-internação. (HC 97621, Relator(a): Min. CEZAR PELUSO, Segunda Turma, julgado em 02/06/2009, DJe-118 DIVULG 25-06-2009 PUBLIC

26-06-2009 EMENT VOL-02366-03 PP-00592)

EMENTA: PENAL. EXECUÇÃO PENAL. HABEAS CORPUS. RÉU INIM-PUTÁVEL. MEDIDA DE SEGURANÇA. PRESCRIÇÃO. INOCORRÊNCIA. EXTINÇÃO DA MEDIDA, TODAVIA, NOS TERMOS DO ART. 75 DO CP. PERICULOSIDADE DO PACIENTE SUBSISTENTE. TRANSFERÊN-CIA PARA HOSPITAL PSIQUIÁTRICO, NOS TERMOS DA LEI 10.261/01. WRIT CONCEDIDO EM PARTE. I - Não há falar em extinção da punibili-dade pela prescrição da medida de segurança uma vez que a internação do paciente interrompeu o curso do prazo prescricional (art. 117, V, do Código Penal). II - Esta Corte, todavia, já firmou entendimento no sentido de que o prazo máximo de duração da medida de segurança é o previsto no art. 75 do CP, ou seja, trinta anos. Precedente. III - Laudo psicológico que, no entanto, reconheceu a permanência da periculo-sidade do paciente, embora atenuada, o que torna cabível, no caso, a imposição de medida terapêutica em hospital psiquiátrico próprio. IV - Ordem concedida em parte para extinguir a medida de segurança, de-terminando-se a transferência do paciente para hospital psiquiátrico que disponha de estrutura adequada ao seu tratamento, nos termos da Lei 10.216/01, sob a supervisão do Ministério Público e do órgão judicial competente. (HC 98360, Relator(a): Min. RICARDO LEWAN-DOWSKI, Primeira Turma, julgado em 04/08/2009, DJe-200 DIVULG 22-10-2009 PUBLIC 23-10-2009 EMENT VOL-02379-06 PP-01095)

PENAL. RECURSO ORDINÁRIO EM HABEAS CORPUS. MEDIDA DE SE-GURANÇA. CUMPRIMENTO DA MEDIDA EM PRAZO SUPERIOR AO DA PENA MÁXIMA COMINADA AO DELITO. PRESCRIÇÃO. INOCOR-RÊNCIA. INÍCIO DO CUMPRIMENTO. MARCO INTERRUPTIVO. PERI-CULOSIDADE DO AGENTE. CONTINUIDADE. PRAZO MÁXIMO DA MEDIDA. 30 (TRINTA) ANOS. PRECEDENTES DO STF. DESINTERNA-ÇÃO PROGRESSIVA. ART. 5º DA LEI 10.216/2001. APLICABILIDADE. ALTA PROGRESSIVA DA MEDIDA DE SEGURANÇA. PRAZO DE 6 (SEIS) MESES. RECURSO PROVIDO EM PARTE. 1. A prescrição da medida de segurança deve ser calculada pelo máximo da pena cominada ao delito

cometido pelo agente, ocorrendo o marco interruptivo do prazo pelo início do cumprimento daquela, sendo certo que deve perdurar enquanto não haja cessado a periculosidade do agente, limitada, contudo, ao período máximo de 30 (trinta) anos, conforme a jurisprudência pacificada do STF. Precedentes: HC 107.432/RS, Relator Min. Ricardo Lewandowski, Primeira Turma, Julgamento em 24/5/2011; HC 97.621/RS, Relator Min. Cezar Peluso, Julgamento em 2/6/2009. 2. In casu: a) o recorrente, em 6/4/1988, quando contava com 26 (vinte e seis) anos de idade, incidiu na conduta tipificada pelo art. 129, § 1º, incisos I e II, do Código Penal (lesões corporais com incapacidade para o trabalho por mais de 30 dias), sendo reconhecida a sua inimputabilidade, nos termos do caput do artigo 26 do CP. b) processada a ação penal, ao recorrente foi aplicada a medida de segurança de internação hospitalar em hospital de custódia e tratamento psiquiátrico, pelo prazo mínimo de 3 (três) anos, sendo certo que o recorrente foi internado no Instituto Psiquiátrico Forense, onde permanece até a presente data, decorridos mais de 23 (vinte e três) anos desde a sua segregação; c) o recorrente tem apresentado melhoras, tanto que não está mais em regime de internação, mas de alta progressiva, conforme laudo psiquiátrico que atesta seu retorno gradativo ao convívio social. 3. A desinternação progressiva é medida que se impõe, provendo-se em parte o recurso para o restabelecimento da decisão de primeiro grau, que aplicou o art. 5º da Lei 10.216/2001, determinando-se ao Instituto Psiquiátrico Forense que apresente plano de desligamento, em 60 (sessenta) dias, para que as autoridades competentes procedam à "política específica de alta planejada e reabilitação psicossocial assistida" fora do âmbito do IPF. 4. Recurso provido em parte.
(RHC 100383, Relator(a): Min. LUIZ FUX, Primeira Turma, julgado em 18/10/2011, DJe-210 DIVULG 03-11-2011 PUBLIC 04-11-2011 EMENT VOL-02619-01 PP-00001)

O STJ, por sua vez, mediante a sua **súmula n. 527**, sedimentou o entendimento no sentido de que o prazo máximo da medida de segurança não pode ultrapassar o limite de pena abstratamente cominada ao delito: *"O tempo de duração da medida de segurança não deve ultrapassar o limite máximo da pena abstratamente cominada ao delito praticado"*.

Durante o lapso máximo de trinta anos – ou do limite de pena abstratamente cominada ao delito -, a periculosidade será verificada ao final do prazo mínimo da medida de segurança – de um a três anos -, pelo exame de condições pessoais do agente – art. 175, da LEP -, ou mesmo antes de seu término, diante de requerimento fundamentado do Ministério Público, do interessado ou de seu defensor.

Para a verificação, deverá ser remetida ao juiz da execução, pela autoridade administrativa, até um mês antes de expirar o prazo de duração mínima da medida, relatório minucioso, instruído com *laudo psiquiátrico*, sobre a revogação ou manutenção da medida.

Ouvido o Ministério Público, o curador ou o defensor do agente, decidirá o juiz sobre a cessação de periculosidade, e consequente revogação da medida de segurança ou sua manutenção.

Na hipótese de revogação da medida de segurança, proceder-se-á à desinternação – permanecendo o tratamento ambulatorial – ou à liberação – sem a necessidade de manutenção de tratamento -, que será sempre condicional, pelo prazo de 01(um) ano. Decorrido este prazo, será extinta a medida de segurança, a qual, entretanto, será restabelecida se, antes de seu decurso, vier o agente a praticar fato indicativo da persistência de sua periculosidade.

5.2.6. Reclusão e Internação

Dedicaremos este item à análise da questão da periculosidade absoluta – e *normativa* -, presumida do inimputável que comete um ilícito objetivamente típico, e sua compatibilidade com o atual estágio de desenvolvimento do tratamento – jurídico - da problemática relativa aos transtornos mentais – e suas consequências sociais.

Dispõe o art. 97, *caput*, do Código Penal:

"Art. 97. Se o agente for inimputável, o juiz determinará a sua internação (art. 26). Se, todavia, o fato previsto como crime for punível com detenção, poderá o juiz submetê-lo a tratamento ambulatorial".

Embora a interpretação literal – e isolada – do art. 97, do Código Penal, pareça não deixar dúvidas a respeito da necessidade de imposição de internação para os casos de cominação de pena de reclusão, temos que tal entendimento não resiste a uma interpretação sistemática e teleológica do ordenamento jurídico, que deve respeitar – e está embasado –, como é cediço, os princípios gerais estabelecidos pela Constituição Federal.

A uma porque a dicotomia reclusão/detenção já não possui qualquer objetivo palpável, não existindo, entre as duas espécies de penas privativas de liberdade, distinção ontológica.

Como anotam Silva Franco e outros: "as regras de significado dos conceitos de reclusão e de detenção estão superpostas e não evidenciam nenhum critério ontológico de distinção".[49]

De fato, no campo material, inexiste fundamento para a dicotomia estabelecida, pois a circunstância mais relevante para a diferenciação, qual seja, a impossibilidade de aplicação do regime fechado ao condenado por pena detentiva, pode ser superada, durante a execução, pela regressão de regime.

As demais distinções – procedimento, ordem de execução das penas e efeitos da condenação – são secundárias e não justificam a classificação.

A duas porque o apenamento com reclusão, por si só, não indica especial desvalor social do tipo penal e nem temibilidade extrema da conduta – ou, por outro prisma, periculosidade agravada de seu agente.

Com efeito, permite o legislador, mesmo para os crimes apenados com reclusão, a exclusão do processo (transação civil e penal, previstas pelos artigos 74 e 76, da Lei 9.099/95[50]), desde que a pena máxima não supere dois anos.

Permitiu ainda, independentemente da pena máxima, desde que a pena mínima não supere um ano, a exclusão da instrução criminal – produção de provas em Juízo - e da prestação jurisdicional de mérito – sentença, com a declaração de culpa ou inocência -, mediante o instituto da suspensão condicional do processo (art. 89, da Lei 9.099/95[51]).

Ao tratar das sanções alternativas, possibilitou a substituição da pena privativa de liberdade para os crimes cometidos sem violência ou grave ameaça à pessoa, desde que a pena *aplicada* não supere *quatro anos*, que o réu não seja reincidente específico – no mesmo crime – e que a providência seja socialmente recomendável.

Em terceiro lugar porque a obrigatoriedade de aplicação de medida de segurança de internação, em decorrência do que seria uma presunção legal e absoluta de periculosidade, não atende a qualquer finalidade social relevante ou ao bem comum, de forma que contraria o art. 5º, da Lei de Introdução às Normas do Direito Brasileiro, regra hermenêutica aplicável a todos os ramos do ordenamento jurídico.

Como sustenta Gustav Radbruch[52]: "a vontade do legislador não é um meio, mas o fim e resultado da interpretação, a expressão da necessidade apriorística de uma interpretação sistemática e não-contraditória da ordem jurídica total", ou seja, há de prevalecer, na interpretação da lei, o seu sentido de integrante de um ordenamento, de uma unidade unitária constituída pelo conjunto sistemático de todas as normas.[53]

O Juiz deve, sempre, buscar o verdadeiro sentido e alcance do texto legal, que não podem estar em desacordo com o fim colimado pela legislação, o bem social, pois "já os antigos romanos, longe de se aterem à letra dos textos, porfiavam em lhes adaptar o sentido às necessidades da vida e às exigências da época. Não pode o direito isolar-se do ambiente em que vigora, deixar de atender às outras manifestações da vida social e econômica".[54]

Ora, se a própria lei prevê, conforme art. 176, da Lei de Execução Penal, que mesmo no curso do prazo mínimo da duração da medida de segurança de internação poderá o juiz determinar a verificação da cessação de periculosidade, diante de requerimento fundamentado – podendo ser determinada a instauração do incidente, portanto, *no primeiro dia* da aplicação da internação -, não se vislumbra qualquer razão jurídica ou utilidade social para que, verificada tal cessação – ou inexistência - *antes* da imposição da medida, seja considerada, ainda assim, obrigatória a aplicação da medida de segurança detentiva – internação.

Em quarto lugar porque a Lei 10.216/01, em seu artigo 2º, parágrafo único, inciso I, estabelece como *direito* da pessoa portadora de transtorno mental, independentemente de sua condição, o de ter acesso *ao melhor* tratamento do sistema de saúde, *consentâneo* às suas necessidades.

Se tanto pelo aspecto individual como pelo social, o *melhor* tratamento para as necessidades do portador de transtorno mental for outro que não a internação, a aplicação desta medida esbarrará em *direito* do agente, que, não tendo sido excluído – de forma expressa ou tácita - para aqueles que cometeram um ilícito objetivamente típico, não pode ser simplesmente desconsiderado.

A mesma lei, em seu art. 4º, *caput*, dispõe que: "A internação, *em qualquer de suas modalidades*, só será indicada quando os recursos extra-hospitalares se mostrarem insuficientes". (g.n.)

Assim, mesmo na modalidade *compulsória*, determinada pela Justiça, na qual se incluem as *medidas de segurança*, dúvida alguma há de que a internação somente será cabível quando insuficientes os recursos extra-hospitalares; logo, inviável a obrigatoriedade de internação.

Por fim, não se pode deixar de anotar que a obrigatoriedade de imposição de internação, independentemente de verificação de qualquer pressuposto subjetivo, viola, de forma evidente, o princípio da proporcionalidade, o qual, apesar de não se encontrar expressamente positivado, tem a sua existência reconhecida pela doutrina e pela jurisprudência, como fruto do Estado democrático de Direito, de seus princípios e garantias fundamentais.

Como sustenta Paulo Bonavides, o princípio da proporcionalidade se caracteriza pelo fato de presumir a existência de relação adequada entre um ou vários fins determinados e os meios com que são levados a efeito. Haverá, assim, violação a tal princípio, toda vez que os meios destinados a realizar um fim não forem, *por si mesmos*, apropriados e/ou quando a desproporção entre meio e fim for particularmente evidente, ou seja, *manifesta*.[55]

Conforme Willis Santiago, o princípio da proporcionalidade representa dupla garantia: em sentido estrito constitui a *necessidade* de estabelecimento de uma correspondência entre o *fim* a ser alcançado por uma disposição normativa e o *meio* empregado, ou seja, aquela deve ser a melhor possível juridicamente; compreende, também, os princípios da adequação e exigibilidade ou indispensabilidade, de forma que o meio escolhido deve se prestar a *atingir* o fim estabelecido e ser exigível, isto é, não haver outro, igualmente eficaz e *menos danoso* a direitos fundamentais.[56]

Humberto Ávila, ao tratar do tema, explica que a *adequação* constitui em um exame inerente à proporcionalidade e "exige uma relação empírica entre o meio e o fim: o meio deve levar à realização do fim", isto é, a eficácia do meio deve contribuir para a promoção gradual do fim[57]. Prossegue o citado autor que a proporcionalidade também encerra o exame da *necessidade*, ou seja, a verificação se "os meios alternativos promovem igualmente o fim" e se estes "restringem em menor medida os direitos fundamentais colateralmente afetados".[58] Por fim, a proporcionalidade em sentido estrito "exige a comparação entre a importância da realização do fim e a intensidade da restrição aos direitos fundamentais. A pergunta que deve ser formulada é a seguinte: O grau de importância da promoção do fim justifica o grau de restrição causada aos direitos fundamentais? Ou, de outro modo: As vantagens causadas pela promoção do fim são proporcionais às desvantagens causadas pela adoção do meio? A valia da promoção do fim corresponde à desvalia da restrição causada?"[59]

Se a proporcionalidade, em relação ao imputável, refere-se à gravidade do crime e ao grau da culpabilidade, no tocante ao inimputável deve ter como parâmetro a intensidade da periculosidade.[60]

Ora, se a prova técnica segura, oficial e isenta – única, em princípio, capaz de dirimir a questão – revelar, no curso do processo, que o réu inimputável tem prognóstico de conduta favorável, mínima possibilidade de recidiva – ou seja, que é dotado de ínfima periculosidade – e que o tratamento adequado para o transtorno mental ostentado é o ambulatorial e não a internação, a imposição da medida de segurança mais gravosa apresentar-se-á como providência desproporcional – e, portanto, inconstitucional - e deletéria, não apenas para o acusado, mas também para a própria sociedade ao marginalizar indivíduo que, mesmo com suas limitações, poderia ser socialmente útil.

Tal marginalização, aliás, iria de encontro ao estabelecido no art. 1º, da Lei 10.216, o qual dispõe que os direitos e a proteção das pessoas acometidas de transtorno mental são assegurados *sem qualquer forma de discriminação*, e ao art. 203, inciso IV, da Constituição Federal, que estabelece como objetivo da assistência social a *habilitação* e *reabilitação* de pessoas portadoras de deficiência e a promoção de sua integração à *vida comunitária*.

Antinomia desta natureza – inclusive em relação a norma de superior hierarquia (Constituição Federal) – não pode ser admitida, devendo ser resolvida, assim, pela não-vinculação absoluta entre a espécie de pena privativa de liberdade prevista para o fato cometido e a medida de segurança aplicável.

Conclui-se, portanto, que a previsão de necessidade de imposição de medida de segurança de internação fundada apenas na circunstância de ter o inimputável cometido um ato descrito como crime, sujeito a pena de reclusão, não resiste a uma interpretação teleológica do ordenamento jurídico e nem aos fatos sociais, pois em se tratando a periculosidade de um dado concreto pertencente à realidade, cuja existência e grau somente podem ser aquilatados pelos profissionais da área da saúde mental, com formação para tanto, após análise das características do indivíduo examinado, não pode estar sujeita a previsão legal abstrata e absoluta, pois a lei não tem o poder de modificar ou afrontar a própria natureza das coisas.[61]

Logo, sustentamos que o art. 97, do Código Penal, mesmo com a sua atual redação[62], deve ser interpretado no sentido de existência de uma presunção *relativa* de periculosidade do inimputável que comete fato descrito como crime, sujeito a pena de reclusão, presunção, todavia, que pode ser afastada por um conjunto de provas que demonstre, sob o enfoque do tratamento do transtorno mental verificado, a existência de terapias menos agressivas e mais eficientes e, sob o prisma da segurança social, a inexistência de risco concreto – periculosidade – e utilidade que justifique a adoção da medida de segurança mais rigorosa, atendendo-se, portanto, ao *princípio constitucional da proporcionalidade*.

Este tem sido o posicionamento adotado por parcela significativa, embora reconhecidamente minoritária, da doutrina.

Como sustenta Maximilianus Roberto Ernesto Führer: "nos crimes apenados com reclusão muitos julgados consideram o tabelamento legal um obstáculo intransponível para a concessão de tratamento ambulatorial. Entretanto, a jurisprudência vem rompendo lentamente, mas com muita segurança, as amarras da inconstitucionalidade e da desumanidade (...). Esta tendência está se consolidando em torno da idéia de evitar sempre que possível a internação, considerando que o objetivo da Justiça Penal é a recuperação da pessoa (...). É um desdobramento do princípio da intervenção mínima, que informa todo o Direito Penal. Em resumo, não é absurdo aplicar tratamento ambulatorial mesmo em caso de crime punido com reclusão, desde que o tipo de tratamento seja adequado e suficiente, preservada sempre a possibilidade de regressão para internação, se necessário".[63]

Em sentido próximo, Celso Delmanto e outros: "Embora o art. 97, *caput*, do CP só admita tratamento ambulatorial em crime punido com detenção, há acórdãos admitindo esse tratamento em caso de furto qualificado, cuja pena é de reclusão, praticado por semi-imputável, quando houver recomendação pericial (TACrSP, *Julgados* 82/430-1) ou quando o mesmo não revelou temibilidade, praticando crime sem maiores conseqüências (TJSP, *RT* 634/272). Entendemos correta essa posição, que dá prevalência à opinião médico-legal e leva em conta não só a pouca periculosidade do agente, mas também a menor gravidade de certos crimes, não obstante apenados com reclusão, principalmente quando praticados sem violência contra a pessoa. Essa posição, a nosso ver, poderia, *em caráter excepcional* e pelos mesmos fundamentos, se adotada *também* em casos de *inimputabilidade*".[64]

Paulo Queiroz, por sua vez, diante dos novos postulados introduzidos pela Reforma Psiquiátrica, sustenta: "Exatamente por isso, a internação só poderá acontecer quando for absolutamente necessária, isto é, quando o tratamento ambulatorial não for comprovadamente o mais adequado. É que, de acordo com lei, a internação só é indicada quando os recursos ex-hospitalares se mostrarem insuficientes, devendo ser priorizados os meios de tratamento menos invasivos possíveis (art. 4° e 2°, parágrafo único, VIII). Portanto, independentemente da gravidade da infração penal cometida, preferir-se-á o tratamento menos lesivo à liberdade do paciente, razão pela qual, independentemente da pena cominada (se reclusão ou detenção), o tratamento ambulatorial (extra-hospitalar) passa a ser a regra, e a internação, a exceção, apesar de o Código Penal dispor em sentido diverso. É vedada ainda a internação de pacientes em instituições com características asilares (art. 4°, §3º)".[65]

Também a jurisprudência nos oferece relevantes julgados sob este entendimento, inclusive dos Tribunais Superiores. Para finalizarmos esta breve discussão, trazemos à colação algumas ementas:

MEDIDA DE SEGURANÇA – Réu punido com reclusão – Perito médico que indica como suficiente o tratamento ambulatorial – Admissibilidade, pois deve-se evitar, sempre que possível, a internação (TACRIM-SP – *RT* 748/656).

MEDIDA DE SEGURANÇA - Tratamento ambulatorial - Prática por inimputável de delito, apenado com reclusão, desprovido de maior gravidade - Parecer médico oficial favorável à medida meramente restri-

tiva - Circunstância em que essa deve ser aplicada, em detrimento da internação (TACrimSP) - *RT* 814/609

MEDIDA DE SEGURANÇA - Crime apenado com reclusão - Substituição de internação por tratamento ambulatorial - Admissibilidade - Hipótese em que o agente não foi considerado perigoso pela perícia médica, tendo demonstrado mudança em seu comportamento em virtude de tratamento em unidade terapêutica de recuperação (TJSP) - *RT* 827/572

MEDIDA DE SEGURANÇA - Internação - Delito punível abstratamente com pena de reclusão - Inimputável oligofrênico que não revela periculosidade - Circunstância que possibilita a concessão de tratamento ambulatorial se este se adapta melhor à situação do agente (TJMG) - *RT* 791/664

MEDIDA DE SEGURANÇA - Internação - Pretendida a substituição por tratamento ambulatorial Admissibilidade - Crime que apesar de ser apenado com reclusão, apresenta peculiaridades - Réu com retardamento mental leve - Apoio da família em sua manutenção - Internação que teria malefícios - Recurso provido. Embora a lei só permitia a substituição da internação imposta como medida de segurança ao inimputável por tratamento ambulatorial quando o delito que lhe é imputado é sancionado com pena de detenção, é de ser ela admitida embora não preenchido o requisito se o agente não revelou temibilidade, praticando crime sem maiores conseqüências, não tendo agido com violência ou grave ameaça, constituindo o fato ato isolado em sua vida. Tanto mais se, como é público notório, em virtude da falta de vagas no estabelecimento adequado, a internação poderá ser convertida em liberdade vigiada. (Apelação Criminal n. 216.731-3 - São Paulo - 3ª Câmara Extraordinária Criminal - Relator: Geraldo Xavier - 29.09.97 - V.U. 753/344).

RECURSO ESPECIAL – Inimputabilidade – Imposição de Medida de Segurança – Tratamento Ambulatorial – Delito apenado com reclusão – Possibilidade – Recurso Improvido.

1. A medida de segurança, enquanto resposta penal adequada aos casos de exclusão ou de diminuição de culpabilidade previstos no artigo 26, caput e parágrafo único, do Código Penal, deve ajustar-se, em espécie, à natureza do tratamento de que necessita o agente inimputável ou semi-imputável do fato-crime.

2. É o que resulta da letra do artigo 98 do Código Penal, ao determinar que, em necessitando o condenado a pena de prisão de especial tratamento curativo, seja imposta, em substituição, a medida de segurança de tratamento compulsório, em regime de internação em hospital de custódia e tratamento psiquiátrico ou em regime ambulatorial, atendida sempre, por implícito, a necessidade social.

3. Tais regimes alternativos da internação, com efeito, deferidos ao semi-imputável apenado com prisão que necessita de tratamento curativo, a um só tempo, certificam a exigência legal do ajustamento da medida de segurança ao estado do homem autor do fato-crime e determinam, na interpretação do regime legal das medidas de segurança, pena de contradição incompatível com o sistema, que se afirme a natureza relativa da presunção de necessidade do regime de internação para o tratamento do inimputável. 4. Recurso Improvido (STJ – REsp. 324091/SP – 6ª Turma – Rel. Min. Hamilton Carvalhido – j. 16.12.2003, *DJ* 09.02.2004, p. 211).

PENAL. AGRAVO REGIMENTAL NO RECURSO ESPECIAL. CRIME APENADO COM RECLUSÃO. INIMPUTABILIDADE. ABSOLVIÇÃO IMPRÓPRIA. TRATAMENTO AMBULATORIAL. POSSIBILIDADE. DECISÃO DEVIDAMENTE FUNDAMENTADA.

AGRAVO REGIMENTAL IMPROVIDO.

1. A definição da medida de segurança não se vincula à gravidade do delito, mas à periculosidade do agente, sendo possível ao magistrado a escolha do tratamento mais adequado ao inimputável, ainda que a ele imputado delito punível com reclusão, desde que fundamentadamente, em observância aos princípios da adequação, da razoabilidade e da proporcionalidade.

2. Descabida a pretensão de substituir medida de segurança detentiva por recolhimento prisional, ainda que inexistente vaga em hospital de custódia e tratamento psiquiátrico.

3. Agravo regimental improvido.

(STJ, AgRg no REsp 832.848/AC, Rel. Ministro NEFI CORDEIRO, SEXTA TURMA, julgado em 02/12/2014, DJe 03/02/2015)

HABEAS CORPUS. TENTATIVA DE HOMICÍDIO. ABSOLVIÇÃO IMPRÓPRIA.

INTERNAÇÃO. ANÁLISE DA PERICULOSIDADE DO INDIVÍDUO. AUSÊNCIA DE ILEGALIDADE. HABEAS CORPUS DENEGADO.

1. Via de regra, consoante a diretriz do art. 97 do CP, se o agente for inimputável, o juiz determinará sua internação. Caso o fato previsto como crime seja punível com detenção, poderá o indivíduo ser submetido a tratamento ambulatorial.

2. O critério não é inflexível. Mesmo acontecido um delito apenado com reclusão, o juiz poderá, excepcionalmente, à luz do princípio da proporcionalidade, sujeitar o inimputável a tratamento ambulatorial, desde que constate, indene de dúvidas, a desnecessidade da internação para o fim de cura da periculosidade.

3. A medida de segurança mais aflitiva foi imposta ao paciente, portador de esquizofrenia paranoide, depois de cuidadosa análise das peculiaridades de sua saúde mental e das condições clínicas por ele apresentadas, tudo agravado pelo uso de drogas, e não como mera decorrência automática da tentativa de homicídio de seu irmão. Não é possível, em

habeas corpus, reavaliar fatos e provas para modificar o entendimento do Tribunal de Justiça.

4. Habeas corpus denegado.

(STJ, HC 469.039/SP, Rel. Ministro ROGERIO SCHIETTI CRUZ, SEXTA TURMA, julgado em 13/11/2018, DJe 03/12/2018)

AÇÃO PENAL. Execução. Condenação a pena de reclusão, em regime aberto. Semi-imputabilidade. Medida de segurança. Internação. Alteração para tratamento ambulatorial. Possibilidade. Recomendação do laudo médico. Inteligência do art. 26, caput e § 1º do Código Penal. Necessidade de consideração do propósito terapêutico da medida no contexto da reforma psiquiátrica. Ordem concedida. Em casos excepcionais, admite-se a substituição da internação por medida de tratamento ambulatorial quando a pena estabelecida para o tipo é a reclusão, notadamente quando manifesta a desnecessidade da internação. (STF - HC 85401, Relator(a): Min. CEZAR PELUSO, Segunda Turma, julgado em 04/12/2009, DJe-027 DIVULG 11-02-2010 PUBLIC 12-02-2010 EMENT VOL-02389-01 PP-00051 RTJ VOL-00213- PP-00512 RT v. 99, n. 895, 2010, p. 504-507 RJSP v. 58, n. 392, 2010, p. 169-173).

6. ASPECTOS CÍVEIS

6.1. Curatela e Interdição. 6.2. Decisão apoiada. 6.3. Transtornos Mentais e Planos de Saúde. 6.4. Benefício de Prestação Continuada.

6.1. Curatela

Trata-se a curatela de um encargo público atribuído a alguém, por lei, "para reger e defender a pessoa e administrar os bens de maiores, que, por si sós, não estão em condições de fazê-lo, em razão de enfermidade ou deficiência [transtornos] mentais".[66]

A curatela é instituto de proteção como a tutela, mas dela se difere por se destinar aos sujeitos maiores que, por razões diversas, não podem cuidar sozinhos dos próprios interesses. Ostenta como características fundamentais: possui caráter publicista e supletivo da capacidade; é temporária, pois somente pode ser mantida enquanto perdurar a causa da incapacidade; para ser decretada há de existir certeza absoluta da incapacidade.[67]

À decretação da curatela das pessoas portadoras de transtornos mentais, indispensável é a prévia interdição, que se trata do instituto processual adequado à obtenção da declaração da incapacidade. O processo que define os termos da curatela, conforme art. 747 do Código de Processo Civil e art. 1.768 do Código Civil deve ser promovido pelo cônjuge ou companheiro, pelos parentes ou tutores, pelo representante da entidade em que se encontra abrigado o interditando, pelo Ministério Público ou pela *própria pessoa*.

O Ministério Público, conforme art. 1.769[68] do Código Civil, somente promoverá a interdição em hipóteses de *doença mental ou intelectual*, se não existir ou não promover a interdição alguma das pessoas legitimadas a tanto, ou ainda se, existindo, forem incapazes.

Ao Ministério Público, ao contrário do CPC revogado, não mais cumpre a defesa dos interesses do interditando, pois intervém no processo na condição de fiscal da ordem jurídica (art. 752, § 1º).

Logo, não constituindo o interditando defensor, imprescindível a nomeação, em seu favor, de Curador Especial.

Na petição inicial do pedido de interdição, conforme art. 749 do Código de Processo Civil, cabe ao interessado especificar os fatos que demonstram a incapacidade do interditando para administrar seus bens e, se for o caso, para praticar atos da vida civil, bem como o momento em que a incapacidade se revelou e a sua legitimidade - ou seja, a relação de parentesco, de matrimônio ou de união estável com o interditando (art. 747, parágrafo único).

Estando apta a petição inicial, será o interditando citado para, em dia designado, comparecer perante o juiz, que o examinará, ouvindo-o minuciosamente acerca de sua vida, negócios, bens e do mais que lhe parecer necessário para ajuizar de seu estado mental, reduzidas a auto as perguntas e as respostas (art. 751 do CPC). A oitiva, conforme previsão da lei processual, poderá ser acompanhada por especialista, tratando-se, pois, de faculdade e não de medida obrigatória.

Embora não seja o juiz *perito* em saúde mental, cabe-lhe aferir, a uma primeira análise, a capacidade mental do interditando, pois a ele competirá a decisão final a respeito da capacidade; e, para fundamentar a sua futura decisão, deve lançar – registrar – em auto próprio, quando da realização do interrogatório, as perguntas formuladas e respostas dadas, de forma que qualquer pessoa que tenha futuramente acesso aos autos possa avaliar a existência de raciocínio lógico e preservado do interditando.

Em hipótese de estar o interditando fisicamente incapacitado para comparecer ao Fórum, deverá o juiz realizar o interrogatório no local em que se encontre. Não raro, quando da realização dos "interrogatórios externos", depara-se o juiz com pessoa absolutamente desprovida de capacidade para responder às perguntas. Neste caso, deverá lançar no auto próprio tal circunstância e as impressões a respeito do interrogando.

Havendo fundados indícios da incapacidade do interditando, poderá o juiz, logo após a realização do interrogatório – ou constatada a sua impossibilidade de responder às perguntas -, nomear-lhe curador provisório, por prazo determinado ou indeterminado, devendo firmar em cartório o respectivo termo. A nomeação pode ser efetivada ainda antes do interrogatório, se constatada a urgência da medida e amparado o pleito por laudo médico (arts. 749, parágrafo único e 750, do CPC).

Poderá o interditando, no prazo de 15(quinze) dias após a audiência de entrevista, impugnar o pedido, constituindo para tanto advogado (art. 752, § 2º). Seu cônjuge ou companheiro, ou ainda qualquer parente na linha sucessória poderá constituir patrono e intervir no feito na condição de assistente (art. 752, § 3º).

De qualquer maneira, se não houver constituição de advogado pelo próprio interditando, imprescindível a sua defesa mediante curador especial (advogado) que lhe será nomeado pelo juiz.

Após o decurso do prazo para impugnação, com ou sem a sua apresentação, nomeará o juiz perito para proceder ao exame do interditando (art. 753 do CPC).

Embora não esteja o juiz adstrito ao resultado do exame pericial, inegável a sua relevância para a decretação, ou não, da interdição, pois somente o perito pode aferir, com grau de segurança, a capacidade do interditando para os atos da vida civil. E, atestada tal capacidade, incabível a decretação da interdição, mesmo que presente o transtorno mental. Com esta orientação:

Ação de interdição. Improcedência. Apelação. Laudo Pericial conclusivo no sentido de que o interditando, embora sofrendo transtorno ansioso depressivo, possui plena capacidade para gerir a sua pessoa e os próprios Negócios. Recurso não provido (TJSP – Ap. n. 467.034.4/6-00 – 7ª Câm. "B" de Direito Privado – Rel. Daise Fajardo Jacot – j. 24.3.2009).

INTERDIÇÃO — Exame neurológico que constatou a capacidade da interditanda de gerir sua pessoa e administrar seus bens - Incapacidade para os atos da vida civil não demonstrada - Recurso desprovido (TJSP – Ap. n. 480.130.4/0 – 1ª Câm. de Direito Privado – Rel. Luiz Antonio de Gody – j. 24.4.2007).

INTERDIÇÃO - Pedido formulado pela filha objetivando a interdição da genitora - Improcedência bem decretada – Laudo pericial que concluiu pela capacidade da requerida em administrar seus bens – Limitação física – Enferma que deve requerer, mediante ação própria, a nomeação de curador, quando julgar conveniente – Recurso desprovido. (Relator(a): Galdino Toledo Júnior; Comarca: Valinhos; Órgão julgador: 9ª Câmara de Direito Privado; Data do julgamento: 27/10/2015; Data de registro: 27/10/2015)

Interdição. Improcedência acertada. Capacidade da requerida para os atos da vida civil suficientemente demonstrada. Laudo pericial e estudo social que demonstram que o requerido tem capacidade de gerir sua vida e seus bens, não havendo justificativa para a drástica e

excepcional medida que afeta a dignidade humana. Inviável a apreciação do pedido de aplicação do instituto da curatela especial, sem interdição, prevista no art. 1.780 do CC. Aplicação do art. 517 do CPC. Recurso improvido. (Relator(a): Maia da Cunha; Comarca: Marília; Órgão julgador: 4ª Câmara de Direito Privado; Data do julgamento: 12/02/2016; Data de registro: 12/02/2016)

INTERDIÇÃO. LAUDO PERICIAL MÉDICO QUE CONCLUIU NÃO ESTAR COMPROVADA A INCAPACIDADE DA REQUERIDA PARA OS ATOS DA VIDA CIVIL. REQUERIDA QUE NÃO APRESENTA DEFICIÊNCIA MENTAL DE QUALQUER TIPO. SENTENÇA DE IMPROCEDÊNCIA. DECISÃO MANTIDA. RECURSO DESPROVIDO. (TJSP; Apelação Cível 1009199-17.2014.8.26.0009; Relator (a): Coelho Mendes; Órgão Julgador: 10ª Câmara de Direito Privado; Foro Regional IX - Vila Prudente - 2ª Vara da Família e Sucessões; Data do Julgamento: 08/05/2018; Data de Registro: 08/05/2018)

O Superior Tribunal de Justiça, entretanto – embora sob a égide do CPC revogado e antes do Estatuto da Pessoa com deficiência - já admitiu a decretação da interdição com amparo em laudo produzido pelo INSS, desde que de acordo com os demais elementos de prova, hipótese em que restaria dispensável o laudo *judicial*:

CIVIL E PROCESSUAL. INTERDIÇÃO. LAUDO ART. 1183 DO CPC. NÃO REALIZAÇÃO. NULIDADE. NÃO OCORRÊNCIA.

1 - Constatado pelas instâncias ordinárias que o interditando, por absoluta incapacidade, não tem condições de gerir sua vida civil, com amparo em laudo pericial (extrajudicial) e demais elementos de prova, inclusive o interrogatório de que trata o art. 1181 do Código de Processo Civil, a falta de nova perícia em juízo não causa nulidade, porquanto, nesse caso, é formalidade dispensável (art. 244 do CPC).

2 - Recurso especial não conhecido. (REsp 253.733/MG, Rel. Ministro FERNANDO GONÇALVES, QUARTA TURMA, julgado em 16/03/2004, DJ 05/04/2004, p. 266)

Apresentado o laudo, o juiz designará audiência de instrução e julgamento, *desde que necessária a produção da prova oral.*

Anote-se que, nos termos da legislação civil, deverá o Juiz ser assistido por equipe multidisciplinar, o que lhe conferirá maiores elementos para fixar os termos da curatela. Sobre a conveniência de tal assistência:

AGRAVO DE INSTRUMENTO – Ação de interdição cumulada com obrigação de fazer – Indeferimento do pedido de designação de equipe multidisciplinar para avaliar a condição do interditando – Inadmissibilidade, diante da edição da Lei nº 13.146/2015, que alterou a redação do art. 1.771, do CC – Trabalho por equipe multidisciplinar que trará mais subsídios ao Magistrado quando da fixação dos limites da curatela, em prol da dignidade-liberdade das pessoas com deficiência. Recurso provido. (TJSP; Agravo de Instrumento 2044575-06.2016.8.26.0000; Relator (a): Carlos Eduardo Pachi; Órgão Julgador: 9ª Câmara de Direito Público; Foro de Bragança Paulista - 1ª Vara Cível; Data do Julgamento: 03/08/2016; Data de Registro: 04/08/2016)

AÇÃO DE INTERDIÇÃO – Insurgência do Ministério Público quanto ao indeferimento da realização de perícia por equipe multidisciplinar, para avaliação dos limites da curatela – Estatuto da Pessoa com Deficiência (Lei nº 13.146/2015) e o novo regramento das incapacidades – Reconhecimento igual perante a lei das pessoas com deficiência – Submissão de pessoa com deficiência à curatela apenas nos limites do necessário – Medida extraordinária que deve ser empregada de modo proporcional às circunstâncias de cada caso – Perícia realizada equipe multidisciplinar como o meio previsto pelo Estatuto da Pessoa com Deficiência para avaliar qual medida de autonomia de que pode desfrutar a pessoa relativamente incapaz – Curatelado que já fora submetido à avaliação do Serviço Social e a Laudo de Insanidade Mental ou Dependência Toxicológica – Complementação da avaliação interdisciplinar para que as restrições impostas à sua autonomia circunscrevam-se aos limites do absolutamente necessário, em respeito à sua dignidade – Decisão reformada – RECURSO PARCIALMENTE PROVIDO. (TJSP; Agravo de Instrumento 2073009-05.2016.8.26.0000; Relator (a): Angela Lopes; Órgão Julgador: 9ª Câmara de Direito Privado; Foro de Bragança Paulista - 1ª Vara Cível; Data do Julgamento: 23/05/2017; Data de Registro: 24/05/2017)

Evidentemente que, se dúvida alguma restar sobre a (in)capacidade do interditando e nem de seu grau, a oitiva de testemunhas será dispensável.

Realizada ou não a audiência de instrução, proferirá o juiz, após, a sentença. Caso decrete a interdição (art. 755, inciso I, do CPC), nomeará curador ao interdito, nomeação que poderá recair sobre o curador provisório antes nomeado – podendo ser compartilhada a mais de uma pessoa -, devendo observar, sempre, a vontade e as preferências do interditando, a ausência de conflito de interesses e de influência indevida, a proporcionalidade e a adequação às circunstâncias da pessoa.

A curatela, nos termos do art. 1.772 do Código Civil, no entanto, somente privará a pessoa a ela sujeita de, sem curador, emprestar, transigir, dar quitação, alienar, hipotecar, demandar ou ser demandado, e praticar, em geral, os atos que não sejam de mera administração. Neste sentido:

Ação de interdição – Alegação de nulidade do laudo pericial apresentado – Afastamento – Laudo que descreveu os atos para os quais o requerente se encontra inabilitado – Incapacidade total do ponto de vista médico – Alteração legislativa que afasta a possibilidade de declaração de incapacidade absoluta – Lei 13.146/15 que alterou a redação dos Artigos 3º e 4º do Código Civil – Interditando que deve ser declarado incapaz relativamente à prática de atos negociais e de cunho patrimonial – Necessidade de acompanhamento dos atos de natureza existencial pelo curador, diante da dificuldade de manifestação da vontade pelo autor, sob pena de restar verificada a impossibilidade de tais atos pelo interditando – Sentença de procedência – Reforma em parte – Recurso provido em parte. Dá-se provimento em parte ao recurso.

(TJSP; Apelação Cível 1007632-67.2017.8.26.0292; Relator (a): Marcia Dalla Déa Barone; Órgão Julgador: 2ª Câmara de Direito Privado; Foro de Jacareí - 2ª Vara de Família e Sucessões; Data do Julgamento: 26/02/2019; Data de Registro: 26/02/2019)

A sentença de interdição produz efeito desde logo (art. 1.012, VI, do CPC), mesmo sujeita a apelação. Deverá ser inscrita – registrada - no Registro das Pessoas Naturais - conforme art. 29, inciso V, e art. 92, da Lei dos Registros Públicos, Lei 6.015/73 – e imediatamente publicada na rede mundial de computadores, no sítio do tribunal a que estiver vinculado o juízo e na plataforma de editais do Conselho Nacional de Justiça, onde permanecerá por 6 (seis) meses, bem como na imprensa local, 1 (uma) vez, e no órgão oficial, por 3 (três) vezes, com intervalo de 10 (dez) dias, constando do edital os nomes do interdito e do curador, a causa da interdição, os limites da curatela e, não sendo total a interdição, os atos que o interdito poderá praticar autonomamente.

Estas providências têm por fim dar conhecimento a terceiros sobre a incapacidade do interditando e, com tal medida, preservar os seus interesses.

A interdição somente será levantada se cessar a causa que a determinou, podendo o pedido desta natureza ser formulado pelo próprio interditado. Processado o pleito, será determinada a realização de exame por perito e, após a apresentação do laudo, designará o juiz audiência de instrução e julgamento (art. 756, § 2º, do CPC). Caso seja acolhido o pedido, será decretado o levantamento da interdição, devendo a sentença ser publicada nos mesmos moldes que a da decretação da interdição.

A interdição poderá ser levantada parcialmente quando demonstrada a capacidade do interdito para praticar alguns atos da vida civil.

6.2. Da Decisão Apoiada

Instituto introduzido pelo Estatuto da Pessoa com Deficiência (Lei n. 13.146 de 06 de julho de 2015), a "tomada de decisão apoiada" é o processo pelo qual a pessoa com deficiência elege pelo menos 2 (duas) pessoas idôneas, com as quais mantenha vínculos – não necessariamente de parentesco - e que gozem de sua confiança, para prestar-lhe apoio na tomada de decisão sobre atos da vida civil, fornecendo-lhe os elementos e informações necessários para que possa exercer sua capacidade.

A Curatela constitui medida excepcional, devendo, sempre que possível, ser evitada diante da possibilidade do instituto da decisão apoiada:

Curatela – Interditanda idosa, deficiente física, com sequelas de AVC – Ausência de incapacidade permanente ou transitória que afete a manifestação da vontade – Laudo pericial que aponta pela habilidade de prática dos atos da vida civil – Caso em que não se verifica incapacidade relativa, o que desautoriza o estabelecimento de curatela – Limitação de direitos da pessoa sobre sua própria gestão que, com a introdução das alterações realizadas pelo Estatuto da Pessoa com Deficiência, se tornou medida excepcionalíssima – Hipótese em que outros meios jurídicos, como o mandato ou tomada de decisão apoiada, se mostram mais adequados à pretensão da filha sobre a genitora e gestão de seus negócios – Sentença mantida – Recurso improvido. (TJSP; Apelação Cível 0006290-33.2013.8.26.0242; Relator (a): Eduardo Sá Pinto Sandeville; Órgão Julgador: 6ª Câmara de Direito Privado; Foro de Igarapava - 1ª Vara Judicial; Data do Julgamento: 02/06/2016;

Data de Registro: 02/06/2016)

TOMADA DE DECISÃO APOIADA – Decisão que deferiu, liminarmente, curatela provisória ao requerente – Inconformismo deste – Alegação de que suas restrições limitam-se a aspectos físicos causados por males associados à diabete, não sendo ele um incapaz, de forma que a curatela lhe é medida desproporcional – Acolhimento – Atestado médico trazido pelo requerente aos autos e estudo psicossocial realizado pelos setores técnicos auxiliares do juízo indicam estar o requerente com suas faculdades cognitivas integralmente preservadas, sofrendo apenas de limitação de locomoção e de visão, além de restrições decorrentes do analfabetismo – Quadro do requerente que se afasta da incapacidade civil que enseja a interdição – Deficiência que importa apenas em limitações no exercício do autogoverno – Constatada, ademais, existência de relação de afeto e mútua confiança entre o requerente e as duas pessoas indicadas como apoiadoras, sua companheira e sua filha – Evidenciada a probabilidade do direito invocado, de forma a afastar a curatela provisória e permitir a nomeação das indicadas como apoiadoras provisoriamente, até o desfecho da demanda, nos termos do art. 300 do Código de Processo Civil – Contexto fático que, a princípio, compatibiliza-se com as previsões do art. 1.783-A do Código Civil - Recurso provido.
(TJSP; Agravo de Instrumento 2049735-75.2017.8.26.0000; Relator (a): Rui Cascaldi; Órgão Julgador: 1ª Câmara de Direito Privado; Foro de Presidente Prudente - 1ª Vara de Família e Sucessões; Data do Julgamento: 18/09/2017; Data de Registro: 18/09/2017)

O pedido deverá ser formulado em Juízo pela pessoa a ser apoiada, com indicação expressa das pessoas aptas a prestarem o apoio. Para tanto, a pessoa com deficiência e os apoiadores devem apresentar termo em que constem os limites do apoio a ser oferecido e os compromissos dos apoiadores, inclusive o prazo de vigência do acordo e o respeito à vontade, aos direitos e aos interesses da pessoa que devem apoiar.

Antes de se decidir sobre o pedido de tomada de decisão apoiada, o juiz, assistido por equipe multidisciplinar, após manifestação do Ministério Público, ouvirá pessoalmente o requerente e as pessoas que lhe prestarão apoio. A decisão tomada por pessoa apoiada terá validade e efeitos sobre terceiros, sem restrições, desde que esteja inserida nos limites do apoio acordado.

Terceiro com quem a pessoa apoiada mantenha relação negocial pode solicitar que os apoiadores contra-assinem o contrato ou acordo, especificando, por escrito, sua função em relação ao apoiado.

Caberá ao Juiz, em caso de negócio jurídico que possa trazer risco ou prejuízo relevante, havendo divergência de opiniões entre a pessoa apoiada e um dos apoiadores, ouvido o Ministério Público, decidir sobre a questão.

Se o apoiador agir com negligência, exercer pressão indevida ou não adimplir as obrigações assumidas, poderá a pessoa apoiada ou qualquer pessoa apresentar denúncia ao Ministério Público ou ao juiz. Procedente a denúncia, o juiz destituirá o apoiador e nomeará, ouvida a pessoa apoiada e se for de seu interesse, outra pessoa para prestação de apoio.

A pessoa apoiada pode, a qualquer tempo, solicitar o término de acordo firmado em processo de tomada de decisão apoiada. O apoiador, por sua vez, pode solicitar ao juiz a exclusão de sua participação do processo de tomada de decisão apoiada, sendo seu desligamento condicionado à manifestação do juiz sobre a matéria.

6.3. Transtornos Mentais e Planos de Saúde

Trataremos agora de alguns pontos que reputamos relevantes, tanto que geradores de controvérsias constantemente enfrentadas pela jurisprudência, a respeito dos direitos dos portadores de transtornos mentais perante os planos de saúde[69].

A Lei n. 9.656, de 03 de junho de 1998, que dispõe sobre os planos e seguros privados de assistência à saúde prevê, em seu artigo 10, que os planos de saúde ou seguros-referência deverão cobrir partos e tratamentos realizados exclusivamente no Brasil *das doenças relacionadas na Classificação Estatística Internacional de Doenças e Problemas Relacionados com a Saúde, da Organização Mundial da Saúde* (CID), salvo as exceções constantes dos incisos do próprio art. 10.[70]

Assim, firmado contrato de plano ou seguro-saúde, incabível e ilegal a eventual exclusão à cobertura de tratamentos de males psiquiátricos.

Ainda que se trate de plano de saúde antigo – anterior à referida lei -, tal circunstância, a nosso ver, em nada afeta a cobertura dos tratamentos psiquiátricos, pois os *princípios gerais* da novel legislação e, especialmente, do Código de Defesa do Consumidor, que visam ao equilíbrio contratual e à boa-fé, constituem normas de ordem pública – por se relacionarem, no caso, ao direito à vida e à saúde -, de aplicabilidade imediata, devendo servir, portanto, como parâmetros de interpretação da relação jurídica.

Como bem observa Maria Stella Gregori: "Sendo certa a submissão daqueles que atuam nesse setor aos primados de defesa do consumidor, deve-se também ter presente que, nas relações de consumo do âmbito da saúde, há um diferencial que deve ser considerado, na medida em que, nesse caso, está se tratando de um bem indisponível: a vida."[71]

Com orientação semelhante posiciona-se Décio Luiz José Rodrigues: "entendemos que, em benefício do consumidor-aderente, sempre se deve aplicar o Código do Consumidor, dada a natureza constitucional de sua origem".[72]

Em sentido próximo, no que tange a transtornos mentais, já decidiu o Tribunal de Justiça do Estado de São Paulo:

PLANO DE SAÚDE. INTERNAÇÃO EM HOSPITAL PSIQUIÁTRICO. Negativa à cobertura das despesas com internação em hospital especializado para tratamento psiquiátrico. Recusa da operadora na expedição de guia de autorização sob o fundamento de exclusão expressa para esse tipo de tratamento, além de o contrato ser anterior à vigência da Lei 9656/98, não adaptado pelo segurado. Inadmissibilidade. Procedimento recomendado por especialista atestando a incapacidade do paciente para a prática de todo e qualquer ato da vida civil. Comprometimento cognitivo, intelectivo, e de desorientação alopsíquica. Cláusula manifestamente abusiva, a inibir cobertura em situações dessa ordem. Sentença reformada. Apelo provido. (TJSP – 8ª Câm. – Ap. 9094723-77.2008.8.26.0000 – Rel. Luiz Ambra – j. 07.12.2011)

No que tange à aplicabilidade do Código de Defesa do Consumidor aos "planos de saúde", a jurisprudência é pacífica.

Realmente, o TJSP já sintetizou o seu entendimento neste sentido, mediante a sua súmula 100: **"O contrato de plano/seguro saúde submete-se aos ditames do Código de Defesa do Consumidor e da Lei n. 9.656/98 ainda que a avença tenha sido celebrada antes da vigência desses diplomas legais"**.

A mesma orientação foi adotada pelo Superior Tribunal de Justiça: **Súmula 469 – Aplica-se o Código de Defesa do Consumidor aos contratos de planos de saúde.**

Com relação à carência para atendimentos de urgência e emergência, deverá ser observado o prazo *máximo* de 24(vinte e quatro) horas, nos termos do art. 12, inciso V, alínea "c", da Lei n. 9.656/98.

Justamente porque a saúde ou até mesmo a vida do paciente/consumidor está ameaçada, o atendimento de urgência ou emergência não pode ser negado ou sofrer qualquer restrição, sob pena de violação ao Código de Defesa do Consumidor (especialmente os artigos 6º, V, 39 V e 51, IV e § 1º, I, II e III).

A Lei 9.656/98, como já afirmado, vislumbrando tais situações – e riscos - estabeleceu que, em hipótese de urgência ou emergência, o atendimento deve ser imediato, desde que já tenham decorrido as primeiras 24 horas da contratação do plano, não tendo estabelecido qualquer restrição ao exercício de tal direito.

Sob a justificativa de regulamentação do atendimento de urgência ou emergência, contudo, foi editada pelo CONSU (Conselho Nacional de Saúde Suplementar) a Resolução n. 13, que limitou este atendimento – emergencial ou de urgência - apenas ao período de 12 horas em ambulatório, para todos aqueles que ainda estiverem cumprindo carências. Em suma, segundo a citada Resolução, mesmo possuindo o consumidor cobertura hospitalar, se suas carências ainda não tiverem sido cumpridas, receberá o atendimento de urgência e emergência por apenas 12 horas, somente no plano ambulatorial. Caso necessite de internação ou atendimento por mais tempo, deverá socorrer-se do SUS ou de atendimento particular.

Tal limitação, todavia, a nosso ver, é manifestamente ilegal e não pode ser respaldada.

Isto porque o Conselho Nacional de Saúde Complementar, ao *restringir* os direitos do consumidor de planos de saúde extrapolou a sua função meramente regulamentar para inovar na ordem jurídica, usurpando, assim, função privativa do Poder Legislativo, único com competência para legislar.

De fato, como sustenta Hely Lopes Meirelles: as "*Resoluções* são atos administrativos normativos expedidos pelas altas autoridades do Executivo (mas não pelo Chefe do Executivo, que só deve expedir decretos) ou pelos presidentes dos tribunais, órgãos legislativos e colegiados administrativos, para *disciplinar* matéria de sua competência específica (...). As resoluções, normativas ou individuais, são sempre atos inferiores ao regulamento e ao regimento, *não podendo inová-los ou contrariá-los*, mas unicamente *complementá-los e explicá-los*".[73]

Com a mesma orientação a jurisprudência majoritária. A título de ilustração:

TUTELA ANTECIPADA - Plano de Saúde – Internação hospitalar em caráter de emergência – Limitação contratual às primeiras doze horas – Negativa de cobertura para as horas subsequentes de internação e tratamento – Ilegalidade – Razoabilidade da afirmação, a autorizar juízo de verossimilhança da alegação – Fatos que justificam, ademais, o perigo de dano irreparável ou de difícil reparação – Tutela concedida – Decisão mantida - Recurso não provido. (Agravo de Instrumento n. 307.934-4/5-00 - São Paulo – 8ª Câmara de Direito Privado - Relator: João Carlos Saletti – 1º.10.03 - V.U.)

CONTRATO - Plano de saúde - Internação em caráter de emergência - Limitação às primeiras doze primeiras horas - Ilegalidade - Tutela antecipada - Recurso não provido - *JTJ* 286/266

CONTRATO – Prestação de serviços – Plano de saúde – Assistência médico-hospitalar – Carência – Emergência – Cláusula prevendo cobertura por apenas 12 (doze) horas – Expressa determinação médica para internação – Remoção para nosocômio público, em razão do estado clínico do paciente, desaconselhável, diante do risco de agravamento de sua saúde, já debilitada – Nulidade da cláusula limitativa reconhecida – Sentença de procedência mantida – Recurso improvido. (Apelação Cível sem Revisão n. 949.639-0/0 – São Paulo – 27ª Câmara de Direito Privado – Relatora: Des. Beatriz Braga – 18.04.06 – V.U. – Voto n. 821)

CONTRATO – Prestação de serviços – Plano de saúde – Internação em UTI – Negativa de custeio indevida – Cronicidade ou preexistência não comprovada – Atendimento de emergência – Medida Provisória n. 1665, de 4.3.98, sucessivamente reeditada até a final Medida Provisória 2177-44, de 24.8.01 – Prazo de carência de apenas 24 horas – Entrada em vigor na data de sua publicação, antes mesmo da Lei n. 9.656/98 – Contrato firmado sob a égide da nova lei – Reembolso devido – Ação procedente – Recurso improvido. (Apelação cível n. 152.700-4/4-00 – São Paulo - 8ª Câmara de Direito Privado – Relator: Luiz Ambra – 08.06.06 - V.U. – Voto n. 1961)

PLANO DE SAÚDE - CONVÊNIO DE ASSISTÊNCIA MÉDICO HOSPITALAR - CLÁUSULA CONTRATUAL QUE FIXA LIMITE DE PRAZO PARA INTERNAÇÃO - INADMISSIBILIDADE - CARACTERIZAÇÃO DE CLÁUSULA LEONINA - INTELIGÊNCIA DOS ARTIGOS 6º, V, 47 e 51, IV § 1º, I e III DA LEI 8.078/90". (Apel. 681/4/1 - 9ª Câm. TJSP - j. 12-08-97, rel. Des. Thyrso Silva, *RT 746/215*.)

O TJSP, aliás, já pacificou a sua jurisprudência com esta orienta-ção: **Súmula 103 - É abusiva a negativa de cobertura em atendi-mento de urgência e/ou emergência a pretexto de que está em curso período de carência que não seja o prazo de 24 horas esta-belecido na Lei n. 9.656/98.**

Ilegal, também, em caso de internação, a limitação de dias[74], pois somente à equipe médica responsável pelo paciente cabe estipu-lar o melhor tratamento e o período indispensável à internação.

Esta tem sido a orientação adotada pela jurisprudência prepon-derante.

De fato, o Superior Tribunal de Justiça, mediante a sua súmula n. 302, fixou o entendimento de que: "**É abusiva a cláusula contra-tual de plano de saúde que limita no tempo a internação hospi-talar do segurado**". Em termos muito semelhantes posicionou-se o Tribunal de Justiça do Estado de São Paulo, conforme súmula n. 92: "**É abusiva a cláusula contratual de plano de saúde que limita o tempo de internação do segurado ou usuário**".

Ainda no sentido do entendimento aqui exposto:

"PLANO DE SAÚDE TRATAMENTO PSIQUIÁTRICO AÇÃO DECLA-RATÓRIA E COMINATÓRIA - Procedência, com condenação da ré a custear o tratamento médico de que necessita a autora Incon-formismo da ré Preliminar de ilegitimidade ativa 'ad causam' Inconsistência Estipulação em favor de terceiro - Legitimidade do beneficiário para exigir o cumprimento da obrigação contra-tada- Insistência na exclusão de cobertura de despesas relativas à internação para tratamento psiquiátrico Ilegalidade Cláusula ex-cludente que não é clara - Exclusão, ademais, que consubstancia des-virtuamento da finalidade do contrato. Manutenção da sentença por seus próprios fundamentos Aplicação do artigo 252 do Regimento Interno deste E. Tribunal de Justiça - Negado provimento ao apelo" (TJSP – Ap. n. 0118404-69.2007.8.26.0000 - 9ª Câmara de Direito Privado – Rel. Viviani Nicolau – j. 28.02.2012)

PLANO DE SAÚDE. Limitação de prazo de tratamento e internação psiquiátrica. Incidência do CDC e da Lei 9.656/98 à espécie, normas de ordem pública e de aplicação cogente aos fatos ocorridos na sua vigência. Não se justificam as limitações impostas pela ré ao restringir o número de dias de tratamento e de internação hospitalar, pois estipular o tempo necessário incumbe à equipe médica e não ao paciente. Cláusulas abusivas e, por conseqüência, nulas (CDC, art, 51, IV). Limitação de dias de internação também é vedada pelo art. 12, II, "a", da Lei 9.656/98 e pela Súmula nº 302 do STJ. Sentença mantida. Recurso não provido (TJSP – Ap. n. ° 0006551-94.2011.8.26.0362 - 10ª Câmara de Direito Privado – Rel. ROBERTO MAIA – j. 28.02.2012)

PLANO DE SAÚDE Cláusula limitativa de internação em estabelecimento psiquiátrico Disposição que embora não preveja expressamente limite de dias para internação, funda-se em item da Resolução nº 11 do CONSU, reconhecidamente ilegal. Abusividade configurada - Tratamento psiquiátrico recomendado à paciente por profissionais da área. Fato de estar ela respondendo a processo criminal, tendo sido condicionada a concessão de sua liberdade provisória à internação em hospital psiquiátrico, que não afasta a obrigação da requerida em prestar os serviços para os quais foi contratada. Sentença de procedência mantida Recurso desprovido (TJSP – Ap. n. º 9075902-59.2007.8.26.0000 - 1ª Câmara de Direito Privado – Rel. De Santi Ribeiro – j. 14.02.2012)

AÇÃO DE NULIDADE DE CLÁUSULA CONTRATUAL CUMULADA COM COBRANÇA. Seguro saúde. Autor sofre de psicopatologia proveniente do uso de drogas, razão pela qual foi internado para tratamento e recuperação. Seguradora defendeu a limitação da cobertura do tratamento de dependência química a 15 dias no ano, conforme contrato e Resolução do CONSU. Sentença de procedência, para declarar a nulidade da cláusula limitativa e condenar a ré ao custeio do tratamento prestado ao autor pelo período de internação. Apela a ré sustentando a legalidade da limitação de 15 dias para internação psiquiátrica, conforme cláusula contratual e Resolução nº 11 do CONSU; argumenta que a decisão causa desequilíbrio contratual. Descabimento. Em que pese a internação do dependente ultrapassar o limite estipulado por Resolução da ANS de 15 dias por ano, não há como interromper o tratamento por doença decorrente de psicopatologia proveniente do uso de drogas e álcool. Aplicação da súmula 302 do STJ, a restrição de 15 dias de internação, por ano, é abusiva, não podendo se sustentar. Apesar dos prejuízos acima dos limites contratuais, pela natureza peculiar do contrato, impõe-se a manutenção do tratamento necessário. Sentença confirmada. Recurso improvido. (TJSP – Ap. n.: 0205331-24.2010.8.26.0100 - 5ª Câmara de Direito Privado – Rel. James Siano – j. 24.01.2012)

PLANO DE SAÚDE INTERNAÇÃO EM HOSPITAL PSIQUIÁTRICO - Negativa à cobertura das despesas com internação em hospital especializado para tratamento psiquiátrico Recusa da operadora na expedição de guia de autorização sob o fundamento de exclusão expressa para esse tipo de tratamento, além de o contrato ser anterior à vigência da Lei 9656/98, não adaptado pelo segurado Inadmissibilidade Procedimento recomendado por especialista atestando a incapacidade do paciente para a prática de todo e qualquer ato da vida civil. Comprometimento cognitivo, intelectivo, e de desorientação alopsíquica. Cláusula manifestamente abusiva, a inibir cobertura em situações dessa ordem Sentença reformada Apelo provido (TJSP – Ap. n. 9094723-77.2008.8.26.0000 - 8ª Câmara de Direito Privado – Rel. Luiz Ambra – j. 07.12.2011)

AGRAVO DE INSTRUMENTO Medida cautelar inominada Plano de saúde Concessão de liminar para determinar à ré, ora agravante, que mantenha a internação da autora no Hospital em que se encontra, arcando ainda com as despesas pertinentes, sob pena de multa diária, a ser revertida em favor da agravada - Inconformismo da ré Alegação de que a autora optou por permanecer no plano antigo, não regulamentado, anterior à Lei nº 9.656/98- Não acolhimento Tratamento psiquiátrico - Contrato anterior à Lei 9.656/98 - Negativa de cobertura - Aplicação das normas protetivas do Código de Defesa do Consumidor - Ofensa ao princípio da boa fé que deve nortear os contratos consumeristas - Precedentes deste Tribunal - Negado provimento ao recurso (TJSP – AI n. : 0395078-02.2010.8.26.0000 - 9ª Câmara de Direito Privado – Rel. Viviani Nicolau – j. 01 de fevereiro de 2011).

Em relação à denominada coparticipação, na qual após determinado prazo de internação – em regra 30 dias – exige-se do usuário pagamento parcial da internação – também, em regra, de 50% -, entendemos que se trata de expediente ilícito, utilizado para burlar a vedação à limitação de dias e que, por isso, não pode prevalecer. Neste sentido, embora reconhecidamente controvertida a jurisprudência a respeito do tema:

PLANO DE SAÚDE. TRATAMENTO PSIQUIÁTRICO. INTERNAÇÃO. DE-PEDÊNCIA DE DROGAS ILÍCITAS E PSICOSE. CUSTEIO INTEGRAL. CLÁUSULA CONTRATUAL DE COPARTICIPAÇÃO NULA. SENTENÇA MANTIDA. RECURSO NÃO PROVIDO.

Recusa da ré de custear integralmente a internação do filho da autora. Internação psiquiátrica para tratamento da dependência química por drogas ilícitas e psicose.

Cláusula contratual que determina coparticipação a partir do 30º dia de internação. Cláusula nula.

Lei nº 9.656/98. Normativo que regula os contratos de plano e de seguro saúde. Vedação à limitação de internação. Questão sumulada pelo STJ e pelo Tribunal.

Coparticipação. Pagamento que também representa limitação ao período de internação. Não se tem dúvida do custo significativo do tratamento psiquiátrico em exame. No entanto, exigir do segurado o pagamento de coparticipação representa limitar o tempo de internação, visto que não terá o segurado escolha a não ser abandonar o tratamento, findo o período de trinta dias, previsto no contrato.

Recurso não provido, com majoração dos honorários advocatícios. (Relator(a): Carlos Alberto Garbi; Comarca: São Paulo; Órgão julgador: 10ª Câmara de Direito Privado; Data do julgamento: 03/05/2016; Data de registro: 13/05/2016)

Ação de obrigação de fazer – Seguro saúde – Pretensão de cobertura para tratamento psiquiátrico com internação hospitalar – Recomendação do médico assistente – Previsão para tratamento da doença – Inviabilidade da restrição temporal – Cláusula contratual que se mostra abusiva à luz do Artigo 51 do Código de Defesa do Consumidor e 422 do Código Civil – Previsão de coparticipação a partir de determinado período se assemelha à negativa de cobertura – Equilíbrio contratual mantido – Sentença de procedência – Manutenção – Recurso não provido. Nega-se provimento ao recurso. (Relator(a): Marcia Dalla Déa Barone; Comarca: Guarulhos; Órgão julgador: 3ª Câmara de Direito Privado; Data do julgamento: 07/06/2016; Data de registro: 07/06/2016)

O Superior Tribunal de Justiça, contudo, tem admitido a legalidade da coparticipação, desde que expressamente prevista, para internações psiquiátricas por prazos superiores a 30(trinta) dias:

AGRAVO INTERNO NO RECURSO ESPECIAL. PLANO DE SAÚDE. TRANSTORNOS PSIQUIÁTRICOS. INTERNAÇÃO. PRAZO. SISTEMA DE COPARTICIPAÇÃO.

VALIDADE.

1. Recurso especial interposto contra acórdão publicado na vigência do Código de Processo Civil de 2015 (Enunciados Administrativos nºs 2 e 3/STJ).

2. A Terceira Turma do Superior Tribunal de Justiça, no julgamento do Recurso Especial nº 1.511.640-DF, decidiu que a coparticipação prevista para as internações psiquiátricas superiores a 30 (trinta) dias é hipótese sensivelmente distinta daquela em que há cláusulas de restrição absoluta de cobertura de internações que extrapolam o prazo contratado. Precedente.

3. Não é abusiva a cláusula de coparticipação expressamente contratada e informada ao consumidor para a hipótese de internação superior a 30 (trinta) dias decorrente de transtornos psiquiátricos, pois destinada à manutenção do equilíbrio entre as prestações e contraprestações que envolvem a verdadeira gestão de custos do contrato de plano de saúde.

4. Agravo interno não provido.

(AgInt no REsp 1760077/SP, Rel. Ministro RICARDO VILLAS BÔAS CUEVA, TERCEIRA TURMA, julgado em 18/03/2019, DJe 21/03/2019)

Observa-se, portanto, que em regra o tratamento dos transtornos mentais deve ser integralmente suportado pelos planos ou seguros-saúde, não mais se justificando, seja em vista da legislação em vigor, seja da jurisprudência que a interpreta, a pretensão de exclusão da cobertura contratual.

6.4. Benefício de Prestação Continuada

Dispõe a Constituição Federal, em seu art. 203, incisos IV e V, que a assistência social será prestada a quem dela necessitar, independentemente de contribuição à seguridade social, tendo por objetivos a habilitação e reabilitação das pessoas portadoras de deficiência e a promoção de sua integração à vida comunitária. Garante-se, para tanto, o benefício mensal equivalente a um salário mínimo à pessoa *portadora de deficiência* e ao idoso que comprovem não possuir meios de prover à própria manutenção ou de tê-la provida por sua família, conforme dispuser a lei.

Para regulamentar estes dispositivos constitucionais a Lei 8.742, de 07 de dezembro de 1993, alterada pelas Leis n. 9.720/98, 12.435/2011 e 12.470/2011, repetiu, em seu art. 20, *caput*, a disposição constitucional supracitada.

Para fins de obtenção do benefício de prestação continuada, entende-se por família o grupo composto pelo requerente, o cônjuge ou companheiro, os pais e, na ausência de um deles, a madrasta ou o padrasto, os irmãos solteiros, os filhos e enteados solteiros e os menores tutelados, desde que vivam sob o mesmo teto.

Constitui primeiro pressuposto para o benefício – no que se refere aos portadores de transtornos mentais – a existência de deficiência mental, intelectual ou sensorial que possa obstruir sua participação plena e efetiva na sociedade em igualdade de condições com as demais pessoas. Considera-se impedimento de longo prazo, para tal fim, aquele que produza efeitos pelo prazo mínimo de 2 (dois) anos.

A concessão do benefício ficará sujeita à avaliação da deficiência e do grau de impedimento, composta por avaliação médica e avaliação social realizadas por médicos peritos e por assistentes sociais do Instituto Nacional de Seguro Social – INSS.

A mera existência de transtorno ou deficiência mental, portanto, não implica direito à obtenção do benefício, sendo imprescindível que tais deficiências constituam fator *impeditivo* a uma vida autônoma. Com esta orientação:

PREVIDENCIÁRIO. AGRAVO. ART. 557, §1º, DO CPC. BENEFÍCIO DE PRESTAÇÃO CONTINUADA. LEI 8.742/93, ART. 20, §3º. DEFICIÊNCIA NÃO COMPROVADA. 1. Para o reconhecimento do direito ao benefício pleiteado é imprescindível que a pessoa atenda aos seguintes requisitos: ser portadora de deficiência incapacitante para o trabalho ou ter mais de 65 anos (Estatuto do Idoso) e ser incapaz de prover a própria manutenção ou tê-la provida por sua família, nos termos da lei. 2. O benefício em questão destina-se a ampara aqueles que não dispõem de recursos mínimos para uma sobrevivência com o mínimo de dignidade. 3. O caso em tela revela que, muito embora a parte autora seja portadora de uma deficiência mental congênita, é capaz de desenvolver atividade produtiva com condições suficientes para prover com dignidade a própria manutenção. 4. Agravo (CPC, art. 557, §1º) interposto pela parte autora improvido (TRF-3ª R – Ap. 0005427-72.1999.4.03.6117 – 8ª T. – Rel. Fernando Gonçalves – j. 12.01.2012)

Para a obtenção do benefício há de restar caracterizada, ainda, a incapacidade da família para prover à subsistência da pessoa portadora de deficiência. Reputa-se incapaz a família cuja renda mensal *per capita* seja inferior a 1/4 (um quarto) do salário-mínimo.

Este critério, entretanto, não é absoluto, conforme jurisprudência pacífica dos Juizados Especiais Federais de São Paulo, sintetizada pelo seu enunciado n. 5: **"A renda mensal *per capita* de ¼ (um quarto) do salário mínimo não constitui critério absoluto de aferição da miserabilidade para fins de benefício assistencial".**

No mesmo sentido já decidiu o Superior Tribunal de Justiça:

PREVIDENCIÁRIO. BENEFÍCIO DE PRESTAÇÃO CONTINUADA. ASSISTÊNCIA SOCIAL. PREVISÃO CONSTITUCIONAL. ART. 20, § 3º, DA LEI Nº 8.742/93.

ANÁLISE DO CRITÉRIO UTILIZADO PELO TRIBUNAL DE ORIGEM PARA AFERIR A RENDA MENSAL. IMPOSSIBILIDADE DE REAPRECIAÇÃO POR ESTA CORTE. INCIDÊNCIA DA SÚMULA 7/STJ. RECURSO ESPECIAL IMPROVIDO.

1. O benefício de prestação continuada é uma garantia constitucional, de caráter assistencial, previsto no art. 203, inciso V, da Constituição Federal, e regulamentado pelo art. 20 da Lei nº 8.742/93, que consiste no pagamento de um salário mínimo mensal aos portadores de deficiência ou idosos que comprovem não possuir meios de prover a própria manutenção e nem de tê-la provida pelo núcleo familiar.

2. A Terceira Seção deste Superior Tribunal consolidou o entendimento de que o critério de aferição da renda mensal deve ser tido como um limite mínimo, um *quantum* considerado insatisfatório à subsistência da pessoa portadora de deficiência ou idosa, não impedindo, contudo, que o julgador faça uso de outros elementos probatórios, desde que aptos a comprovar a condição de miserabilidade da parte e de sua família.

3. Infere-se dos autos que o Tribunal de origem reconheceu que os autores – comprovadamente portadores de distúrbios mentais – preenchem os requisitos legais para o deferimento do pleito, não só em virtude da deficiência física, da qual decorre a total incapacidade para o trabalho, como também por restar comprovado o seu estado de miserabilidade.

4. A reapreciação do contexto fático-probatório em que se baseou o Tribunal de origem para deferir o benefício pleiteado, em sede de recurso

especial, esbarra no óbice da Súmula 7/STJ.

5. Recurso especial a que se nega provimento. (REsp 1025181/RS, Rel. Ministra MARIA THEREZA DE ASSIS MOURA, SEXTA TURMA, julgado em 11/09/2008, DJe 29/09/2008)

Quanto ao STF, seu posicionamento acerca o tema evoluiu ao longo do tempo, "passando de uma inicial declaração de constitucionalidade da exigência de renda *per capita* familiar inferior a ¼ do salario mínimo (ADI 1232), admitindo, em seguida, a utilização de outros critérios que pudessem comprovar a situação de miserabilidade do grupo familiar (Medida Cautelar na Reclamação 4374/PE), para, por fim, declarar a inconstitucionalidade do § 3º do artigo 20 da Lei 8.213/91"[75].

O benefício deverá ser revisto a cada dois anos, para verificação da permanência das condições de sua concessão e cessará no momento em que estas forem superadas, ou em caso de morte do beneficiário. Será suspenso, por sua vez, pelo órgão concedente, quando a pessoa com deficiência exercer atividade remunerada, inclusive na condição de microempreendedor individual.

Extinta a relação trabalhista ou a atividade empreendedora desenvolvida pelo beneficiário e, quando for o caso, encerrado o prazo de pagamento do seguro-desemprego e não tendo adquirido direito a qualquer benefício previdenciário, poderá ser requerida a continuidade do pagamento do benefício suspenso, sem necessidade de realização de perícia médica ou reavaliação da deficiência e do grau de incapacidade para esse fim, respeitado, no entanto, o período de revisão de dois anos, aplicável a todos os beneficiários.

Presentes os requisitos para a obtenção do benefício e havendo negativa por parte do INSS, cabível o ajuizamento de ação perante o Juizado Especial Federal, independentemente da contratação de advogado, nos termos do art. 9º, da Lei 9.099/95, uma vez que o valor da causa é inferior a 20(vinte) salários mínimos (art. 260, do Código de Processo Civil).

6.5. Auxílio-Inclusão

Instituto introduzido pela Lei n. 13.146 de 06 de julho de 2015 (Estatuto da Pessoa com Deficiência), constitui o auxílio-inclusão o benefício prestado a pessoa com deficiência moderada ou grave que receba o benefício de prestação continuada e que passe a exercer atividade remunerada que a enquadre como segurado obrigatório do RGPS ou tenha recebido, nos últimos 5 (cinco) anos – anteriores à vigência da nova lei -, o benefício de prestação continuada e que exerça atividade remunerada que a enquadre como segurado obrigatório do RGPS.

O valor do auxílio e eventuais outras condições serão estabelecidos em legislação própria[76].

LEGISLAÇÃO

Lei n. 10.216 de 06 de abril de 2001
Dispõe sobre a proteção e os direitos das pessoas
portadoras de transtornos mentais e redireciona
o modelo assistencial em saúde mental

O PRESIDENTE DA REPÚBLICA Faço saber que o Congresso Nacional decreta e eu sanciono a seguinte Lei:

Art. 1º Os direitos e a proteção das pessoas acometidas de transtorno mental, de que trata esta Lei, são assegurados sem qualquer forma de discriminação quanto à raça, cor, sexo, orientação sexual, religião, opção política, nacionalidade, idade, família, recursos econômicos e ao grau de gravidade ou tempo de evolução de seu transtorno, ou qualquer outra.

Art. 2º Nos atendimentos em saúde mental, de qualquer natureza, a pessoa e seus familiares ou responsáveis serão formalmente cientificados dos direitos enumerados no parágrafo único deste artigo.

Parágrafo único. São direitos da pessoa portadora de transtorno mental:

I - ter acesso ao melhor tratamento do sistema de saúde, consentâneo às suas necessidades;

II - ser tratada com humanidade e respeito e no interesse exclusivo de beneficiar sua saúde, visando alcançar sua recuperação pela inserção na família, no trabalho e na comunidade;

III - ser protegida contra qualquer forma de abuso e exploração;

IV - ter garantia de sigilo nas informações prestadas;

V - ter direito à presença médica, em qualquer tempo, para esclarecer a necessidade ou não de sua hospitalização involuntária;

VI - ter livre acesso aos meios de comunicação disponíveis;

VII - receber o maior número de informações a respeito de sua doença e de seu tratamento;

VIII - ser tratada em ambiente terapêutico pelos meios menos invasivos possíveis;

IX - ser tratada, preferencialmente, em serviços comunitários de saúde mental.

Art. 3º É responsabilidade do Estado o desenvolvimento da política de saúde mental, a assistência e a promoção de ações de saúde aos portadores de transtornos mentais, com a devida participação da sociedade e da família, a qual será prestada em estabelecimento de saúde mental, assim entendidas as instituições ou unidades que ofereçam assistência em saúde aos portadores de transtornos mentais.

Art. 4º A internação, em qualquer de suas modalidades, só será indicada quando os recursos extra-hospitalares se mostrarem insuficientes.

§ 1º O tratamento visará, como finalidade permanente, a reinserção social do paciente em seu meio.

§ 2º O tratamento em regime de internação será estruturado de forma a oferecer assistência integral à pessoa portadora de transtornos mentais, incluindo serviços médicos, de assistência social, psicológicos, ocupacionais, de lazer, e outros.

§ 3º É vedada a internação de pacientes portadores de transtornos mentais em instituições com características asilares, ou seja, aquelas desprovidas dos recursos mencionados no § 2º e que não assegurem aos pacientes os direitos enumerados no parágrafo único do art. 2º.

Art. 5º O paciente há longo tempo hospitalizado ou para o qual se caracterize situação de grave dependência institucional, decorrente de seu quadro clínico ou de ausência de suporte social, será objeto de política específica de alta planejada e reabilitação psicossocial assistida, sob responsabilidade da autoridade sanitária competente e supervisão de instância a ser definida pelo Poder Executivo, assegurada a continuidade do tratamento, quando necessário.

Art. 6º A internação psiquiátrica somente será realizada mediante laudo médico circunstanciado que caracterize os seus motivos.

Parágrafo único. São considerados os seguintes tipos de internação psiquiátrica:

I - internação voluntária: aquela que se dá com o consentimento do usuário;

II - internação involuntária: aquela que se dá sem o consentimento do usuário e a pedido de terceiro; e

III - internação compulsória: aquela determinada pela Justiça.

Art. 7º A pessoa que solicita voluntariamente sua internação, ou que a consente, deve assinar, no momento da admissão, uma declaração de que optou por esse regime de tratamento.

Parágrafo único. O término da internação voluntária dar-se-á por solicitação escrita do paciente ou por determinação do médico assistente.

Art. 8º A internação voluntária ou involuntária somente será autorizada por médico devidamente registrado no Conselho Regional de Medicina - CRM do Estado onde se localize o estabelecimento.

§ 1º A internação psiquiátrica involuntária deverá, no prazo de setenta e duas horas, ser comunicada ao Ministério Público Estadual pelo responsável técnico do estabelecimento no qual tenha ocorrido, devendo esse mesmo procedimento ser adotado quando da respectiva alta.

§ 2º O término da internação involuntária dar-se-á por solicitação escrita do familiar, ou responsável legal, ou quando estabelecido pelo especialista responsável pelo tratamento.

Art. 9º A internação compulsória é determinada, de acordo com a legislação vigente, pelo juiz competente, que levará em conta as condições de segurança do estabelecimento, quanto à salvaguarda do paciente, dos demais internados e funcionários.

Art. 10. Evasão, transferência, acidente, intercorrência clínica grave e falecimento serão comunicados pela direção do estabelecimento de saúde mental aos familiares, ou ao representante legal do paciente, bem como à autoridade sanitária responsável, no prazo máximo de vinte e quatro horas da data da ocorrência.

Art. 11. Pesquisas científicas para fins diagnósticos ou terapêuticos não poderão ser realizadas sem o consentimento expresso do paciente, ou de seu representante legal, e sem a devida comunicação aos conselhos profissionais competentes e ao Conselho Nacional de Saúde.

Art. 12. O Conselho Nacional de Saúde, no âmbito de sua atuação, criará comissão nacional para acompanhar a implementação desta Lei.

Art. 13. Esta Lei entra em vigor na data de sua publicação.

Brasília, 6 de abril de 2001; 180º da Independência e 113º da República.

FERNANDO HENRIQUE CARDOSO
Jose Gregori
José Serra
Roberto Brant

Lei 10.708 de 31 de julho de 2003
Institui o auxílio-reabilitação psicossocial para pacientes acometidos de transtornos mentais egressos de internações

O PRESIDENTE DA REPÚBLICA Faço saber que o Congresso Nacional decreta e eu sanciono a seguinte Lei:

Art. 1º Fica instituído o auxílio-reabilitação psicossocial para assistência, acompanhamento e integração social, fora de unidade hospitalar, de pacientes acometidos de transtornos mentais, internados em hospitais ou unidades psiquiátricas, nos termos desta Lei.

Parágrafo único. O auxílio é parte integrante de um programa de ressocialização de pacientes internados em hospitais ou unidades psiquiátricas, denominado "De Volta Para Casa", sob coordenação do Ministério da Saúde.

Art. 2º O benefício consistirá em pagamento mensal de auxílio pecuniário, destinado aos pacientes egressos de internações, segundo critérios definidos por esta Lei.

§ 1º É fixado o valor do benefício de R$ 240,00 (duzentos e quarenta reais), podendo ser reajustado pelo Poder Executivo de acordo com a disponibilidade orçamentária.

§ 2º Os valores serão pagos diretamente aos beneficiários, mediante convênio com instituição financeira oficial, salvo na hipótese de incapacidade de exercer pessoalmente os atos da vida civil, quando serão pagos ao representante legal do paciente.

§ 3º O benefício terá a duração de um ano, podendo ser renovado quando necessário aos propósitos da reintegração social do paciente.

Art. 3º São requisitos cumulativos para a obtenção do benefício criado por esta Lei que:

I - o paciente seja egresso de internação psiquiátrica cuja duração tenha sido, comprovadamente, por um período igual ou superior a dois anos;

II - a situação clínica e social do paciente não justifique a permanência em ambiente hospitalar, indique tecnicamente a possibilidade de inclusão em programa de reintegração social e a necessidade de auxílio financeiro;

III - haja expresso consentimento do paciente, ou de seu representante legal, em se submeter às regras do programa;

IV - seja garantida ao beneficiado a atenção continuada em saúde mental, na rede de saúde local ou regional.

§ 1º O tempo de permanência em Serviços Residenciais Terapêuticos será considerado para a exigência temporal do inciso I deste artigo.

§ 2º Para fins do inciso I, não poderão ser considerados períodos de internação os de permanência em orfanatos ou outras instituições para menores, asilos, albergues ou outras instituições de amparo social, ou internações em hospitais psiquiátricos que não tenham sido custeados pelo Sistema Único de Saúde - SUS ou órgãos que o antecederam e que hoje o compõem.

§ 3º Egressos de Hospital de Custódia e Tratamento Psiquiátrico poderão ser igualmente beneficiados, procedendo-se, nesses casos, em conformidade com a decisão judicial.

Art. 4º O pagamento do auxílio-reabilitação psicossocial será suspenso:

I - quando o beneficiário for reinternado em hospital psiquiátrico;

II - quando alcançados os objetivos de reintegração social e autonomia do paciente.

Art. 5º O pagamento do auxílio-reabilitação psicossocial será interrompido, em caso de óbito, no mês seguinte ao do falecimento do beneficiado.

Art. 6º Os recursos para implantação do auxílio-reabilitação psicossocial são os referidos no Plano Plurianual 2000-2003, sob a rubrica "incentivo-bônus", ação 0591 do Programa Saúde Mental nº 0018.

§ 1º A continuidade do programa será assegurada no orçamento do Ministério da Saúde.

§ 2º O aumento de despesa obrigatória de caráter continuado resultante da criação deste benefício será compensado dentro do volume de recursos mínimos destinados às ações e serviços públicos de saúde, conforme disposto no art. 77 do Ato das Disposições Constitucionais Transitórias.

Art. 7º O controle social e a fiscalização da execução do programa serão realizados pelas instâncias do SUS.

Art. 8º O Poder Executivo regulamentará o disposto nesta

Lei.

Art. 9º Esta Lei entra em vigor na data de sua publicação.

Brasília, 31 de julho de 2003; 182º da Independência e 115º da República.

LUIZ INÁCIO LULA DA SILVA
Humberto Sérgio Costa Lima
Ricardo José Ribeiro Berzoini

NOTAS DE RODAPÉ

[1] MACEDO, Camila Freire. **A evolução das políticas de saúde mental e da legislação psiquiátrica no Brasil.** Jus Navigandi, Teresina, ano 11, n. 1017, 14 abr. 2006. Disponível em: <http://jus.com.br/revista/texto/8246>. Acesso em: 28 fev. 2012.

[2] Britto, Renata Côrrea. *A Internação Involuntária e a Lei 10.216/01. Reflexões acerca da garantia de proteção aos direitos da pessoa com transtorno mental.* Rio de Janeiro: Fundação Oswaldo Cruz, 2004.

[3] Ribeiro, Wallace de Lima. *Atenção Psicossocial – Entre o Transtorno Mental e o Território*, p. 25. Vitória: UFES, 2009.

[4] ABBAGNANO, Nicola, *Dicionário de Filosofia*, p. 276.

[5] CONCHE, Marcel. *O Fundamento da Moral*, p. 63. Sobre o tema, prossegue o mesmo autor: "Afinal, se a dignidade de cada um é problema de todos, não posso salvaguardar minha dignidade humana aceitando para outro o que é indigno. Pelo menos isso não é possível em nossa época, em que o homem está mais presente ao homem do que nunca. O discurso moral é o discurso da dignidade do homem como noção ao mesmo tempo individual e universal" (Idem, p. 85).

[6] COMPARATO, Fábio Konder, *Ética*, pp. 458-59.

[7] Neste sentido: CONCHE, Marcel. *O Fundamento da Moral*, p. 5.

[8] FRANKL, Viktor E. *Psicoterapia e sentido da vida: Fundamentos da Logoterapia e análise existencial*, 4ª ed., p. 117 e nota 26.

[9] *La Estructura de la Persona Humana*, pp. 57-58.

[10] Com esta orientação Jürgen Habermas, ao sustentar que os *direitos humanos* têm um sentido universalista, pois "incluem todas as pessoas em geral e não somente os que pertencem a um Estado. Enquanto direitos fundamentais, eles se estendem a todas as pessoas, na medida em que se detêm no campo da validade da ordem do direito: nesta medida, todos gozam da proteção da constituição" (*Direito e democracia*, t. II, p. 316, *apud* MOREIRA, Luiz, *Fundamentação do Direito em Habermas*, 3ª ed., p. 164).

[11] *O princípio da dignidade da pessoa humana*, p. 23. Julián Marías bem observa que o racismo, a escravidão e, poderíamos acrescentar, todas as formas de supressão dos direitos fundamentais das pessoas, de exclusão ou discriminação social radical – como, por exemplo, o afastamento social das pessoas portadoras de transtornos mentais - implicam a despersonalização – e, por conseqüência, a

violação à dignidade humana –, pois se deixa de tratar como pessoas os que não pertencem ao círculo dos "eleitos". (*Persona*, p. 161).

[12] FERRER, Urbano. *Que significa ser persona?* p. 268 e 271-272.

[13] Idem, p. 27.

[14] Posicionamento semelhante é adotado por Maurício Antonio Ribeiro Lopes (*Direito Penal, Estado e Constituição*, p. 184 e ss.). Apesar de conceituar a dignidade humana como a satisfação dos interesses do ser humano, do homem médio, denominada pelo autor, provavelmente inspirado em Kant, de "felicidade", o que poderia parecer também um conceito meramente formal e subjetivo, não deixa de observar que a dignidade humana pressupõe a possibilidade de exercício dos direitos constitucionais fundamentais, tanto que, no capítulo por ele dedicado à questão, são estudados, de forma minuciosa, os corolários deste fundamento constitucional.

Também no sentido do texto inclina-se Gisele Mendes de Carvalho ao argumentar que: "a dignidade humana possui dupla dimensão: uma negativa e outra positiva. A primeira impede que a pessoa humana venha a ser objeto de ofensas e humilhações. Já a dimensão positiva assegura o pleno desenvolvimento de cada ser humano, reconhecendo-se sua autodeterminação, livre de quaisquer interferências ou impedimentos externos" (*Aspectos jurídico-penais da eutanásia*, p. 114).

[15] No mesmo sentido o art. 4º do Estatuto da Pessoa com Deficiência: "Toda pessoa com deficiência tem direito à igualdade de oportunidades com as demais pessoas e não sofrerá nenhuma espécie de discriminação".

[16] "A cidadania na Constituição de 1988". *Constituição e Democracia*, pp. 27-28. São Paulo: Malheiros Editores, 2006

[17] Em termos próximos RICOEUR, Paul. *O Justo 1*, p. 83. São Paulo: Martins Fontes, 2008.

[18] Dispõe o art. 154, do Código Penal: "Revelar alguém, sem justa causa, segredo, de que tem ciência em razão de função, ministério, ofício ou profissão, e cuja revelação possa produzir dano a outrem:

Pena – detenção, de 3 (três) meses a 1 (um) ano, ou multa."

[19] O Código de Ética Médica (Resolução CFM n. 2217/2018), em seu art. 73, alínea "c", dispõe que "na investigação de suspeita de crime, o médico está impedido de revelar segredo que possa expor o paciente a processo penal.". Anote-se que para "fundamentar eticamente a quebra de confidencialidade, essa ruptura somente pode ser admitida considerando-se quatro condições gerais: a) quando houver alta probabilidade de acontecer sério dano físico a uma pessoa identificável e específica, estando, portanto, justificada pelo princípio da não-maleficência; b) quando um benefício real resultar da quebra de sigilo, baseando-se essa decisão no princípio da beneficência; c) quando for o último recurso, depois de esgotadas todas as abordagens para o respeito ao princípio da autonomia; d) quando a mesma decisão de revelação puder ser utilizada em outras situações com características idênticas, independentemente da posição social do paciente, contemplando o princípio da justiça e fundamentado no respeito pelo ser humano, tornando-se um procedimento generalizável" (SANTOS, Maria

de Fátima Oliveira et. al. "Limites do Segredo Médico: Uma Questão Ética". Faculdades Nova Esperança. www.facene.com.br. Acesso em 15.4.2019.

[20] Art, 5º, inciso LXXVIII, da Constituição Federal: "a todos, no âmbito judicial e administrativo, são assegurados a razoável duração do processo e os meios que garantam a celeridade de sua tramitação".

[21] De se observar que, nos termos do art. 6º, do Estatuto da Pessoa com Deficiência, a deficiência não afeta a capacidade civil da pessoa para: casar-se e constituir união estável, exercer direitos sexuais e reprodutivos, exercer o direito de decidir sobre o número de filhos e de ter acesso a informações adequadas sobre reprodução e planejamento familiar, conservar sua fertilidade, sendo vedada a esterilização compulsória, exercer o direito à família e à convivência familiar e comunitária e exercer o direito à guarda, à tutela, à curatela e à adoção, como adotante ou adotando, em igualdade de oportunidades com as demais pessoas.

[22] http://www.sospsiquiatria.com/grade/Rigonati.pdf

[23] O sistema do "duplo binário", adotado pelo Código Penal de 1940, permitia, ao término da pena, a aplicação de medida de segurança aos imputáveis, desde que ainda dotado de "periculosidade". Com a reforma da Parte Geral de 1984 foi adotado o sistema vicariante, segundo o qual as medidas de segurança são reservadas aos inimputáveis ou semi-imputáveis.

[24] *Manicômios, Prisões e Conventos*, 7ª ed., p. 11. São Paulo, Perspectiva, 2001.

[25] Idem, p. 18.

[26] Idem, p. 289.

[27] Cremos que seria interessante, a fim de evitar a defasagem do benefício, a aprovação do Projeto de Lei n. 378/2011, de autoria da Deputada Federal Rebecca Garcia, que previa fixar o valor do auxílio-reabilitação psicossocial em ¾ do salário mínimo. Referido projeto, no entanto, foi rejeitado pela Comissão de Finanças e Tributação e, ante a não interposição de recurso, restou arquivado em 04.12.2013.

[28] Jorge de Figueiredo Dias bem explica que "inimputável (ou incapaz de culpa) será *todo aquele*, mas também *apenas aquele* que, em virtude de uma *anomalia psíquica* (no seu mais amplo sentido), for incapaz de avaliar a ilicitude do seu comportamento ou de se determinar segundo essa avaliação" (*Liberdade-Culpa-Direito Penal*, 3ª ed., p. 67). Assim, "não é inimputável todo aquele que não detém capacidade de determinação pelo conhecimento do ilícito, mas só aquele que a não detém por *força de uma anomalia psíquica*" (Idem, p. 80).

[29] *Direito Penal*, p. 346.

[30] *Tratado da Inimputabilidade no Direito Penal*, p. 43.

[31] *Exposição de Motivos* ao Código Penal de 1940, item 18.

[32] ALMEIDA, Carlota Pizarro de. *Modelos de Inimputabilidade*, p. 45.

[33] *Imputabilidade*, p. 47. Mais precisamente à psicopatologia, que se trata de "disciplina científica que estuda a doença mental em seus vários aspectos: suas causas, as alterações estruturais e funcionais relacionadas, os métodos de inves-

tigação e suas formas de manifestação (sinais e sintomas). Comportamento, cognição e experiências subjetivas anormais constituem as formas de manifestação das doenças mentais" (CHENIAUX, Elie. *Manual de Psicopatologia*, 3ª ed., p. 1).

[34] FÜHER, Maximiliano Roberto Ernesto, *Tratado da Inimputabilidade no Direito Penal*, p. 55.

[35] *Modelos de Inimputabilidade*, p. 45.

[36] MARANHÃO, Odon Ramos, *Curso Básico de Medicina Legal*, 4ª ed., p. 314.

[37] *Manual de Psicopatologia*, 3ª ed., p. 68.

[38] *Comentários ao Código Penal*, 4ª ed., vol. I, t. II, p. 339.

[39] *Tratado de Derecho Penal – Parte General*, vol. IV, p. 181.

[40] *Introdução à Motivação e Emoção*, p. 83.

[41] FARIA, Bento de. *Código Penal Brasileiro Comentado*, vol. II, p. 254.

[42] *Comentários ao Código Penal*, 2ª ed., vol. I, pp. 219-20.

[43] Mesmo porque, subjacente às nossas ações, há sempre emoções – em algum grau -, mediante as quais o *nosso ser* e o *ser em geral* fazem ou ganham sentido. É por meio dos estados de ânimo que os significados das coisas fazem sentido e podem alterar-se (CRITELLI, Dulce Mára. *Analítica do Sentido*, 2ª ed., p. 103).

[44] *O Ser e o Nada*, 16ª ed., pp. 548-49.

[45] *Código Penal Brasileiro Comentado*, vol. II, p. 257.

[46] *Princípios Básicos de Direito Penal*, 4ª ed., p. 325.

[47] *Manual de Direito Penal Brasileiro*, p. 859.

[48] Idem, p. 125.

[49] *Código penal e sua interpretação jurisprudencial*, 5ª ed., p. 392.

[50] Dispõe o art. 74, da Lei 9.099/95: "A composição dos danos civis será reduzida a escrito e, homologada pelo Juiz mediante sentença irrecorrível, terá eficácia de título executivo a ser executado no juízo civil competente. Parágrafo único. Tratando-se de ação penal de iniciativa privada ou de ação penal pública condicionada à representação, o acordo homologado acarreta a *renúncia* ao direito de queixa ou representação". Já o art. 76, do mesmo diploma legal, está assim redigido: "Havendo representação ou tratando-se de crime de ação penal pública incondicionada, não sendo caso de arquivamento, o Ministério Público poderá propor a aplicação imediata de pena *restritiva de direitos* ou *multas*, a ser especificada na proposta (...). § 4º. Acolhendo a proposta do Ministério Público aceita pelo autor da infração, o Juiz aplicará a pena restritiva de direitos ou multa, que não importará em reincidência, sendo registrada apenas para impedir novamente o mesmo benefício no prazo de cinco anos".

[51] Reza o art. 89, da Lei 9.099/95: Nos crimes em que a pena mínima cominada for igual ou inferior a um ano, abrangidas ou não por esta lei, o Ministério Público, ao oferecer a denúncia, poderá propor a suspensão do processo, por dois a quatro anos, desde que o acusado não esteja sendo processado ou não tenha sido conde-

nado por outro crime, presentes os demais requisitos que autorizariam a suspensão condicional da pena (art. 77, do Código Penal)".

[52] *Filosofia do Direito*, p. 163-64.

[53] Norberto Bobbio, *O Positivismo Jurídico – Lições de Filosofia do Direito*, p. 197.

[54] Carlos Maximiliano, *Hermenêutica e Aplicação do Direito*, p. 129.

[55] Paulo Bonavides, *Curso de Direito Constitucional*, 4ª ed., Malheiros Editores, p. 315, 1993.

[56] Willis Santiago Guerra Filho – *O princípio da proporcionalidade em direito constitucional e em direito privado no Brasil* in: www.mundojurídico.adv.br, acesso em 22.8.2005.

[57] *Teoria dos Princípios*, 3ª ed., p. 116. São Paulo: Malheiros Editores, 2004

[58] Idem, p. 122.

[59] Idem, p. 124.

[60] Neste sentido, expressamente, o Código Penal Português: art. 40º - 3. A medida de segurança só pode ser aplicada se for proporcionada à gravidade do facto e à periculosidade do agente.

[61] Santoro Filho, Antonio Carlos. *Fundamentos de Direito Penal*, p. 173.

[62] Defendemos, por isso, para que não pairem dúvidas a respeito da questão, a aprovação do Projeto de Lei n. 431/2001, que altera o art. 97, do Código Penal, nos seguintes termos: "Art. 97. Se o agente for inimputável o juiz determinará a sua internação ou sujeição a tratamento ambulatorial, sendo que a internação será obrigatória quando o *tratamento* e a *periculosidade* do agente assim o exigirem". (g.n). O Projeto do Novo Código Penal também se orienta neste sentido: "Art. 96. Se o agente for inimputável, o juiz determinará sua internação compulsória ou o tratamento ambulatorial".

[63] *Tratado da inimputabilidade no direito penal*, pp. 146-47.

[64] *Código Penal Comentado*, 6ª ed., pp. 53-54.

[65] *Reforma Psiquiátrica e Medidas de Segurança*. Disponível em Internet: http://pauloqueiroz.net/reforma-psiquiatrica-e-medidas-de-seguranca/, acesso em 14.03.2012.

[66] DINIZ, Maria Helena. "Coordenadas Fundamentais da Tutela e Curatela no Novo Código Civil". *O Novo Código Civil – Estudos em Homenagem a Miguel Reale*, p. 1346. São Paulo: LTr, 2003.

[67] CARVALHO FILHO, Milton Paulo. *Código Civil Comentado*, p. 1751. Barueri-SP: Manole, 2007.

[68] Embora o novo Código de Processo Civil, em seu art. 1.072, inciso II, tenha revogado os artigos 1.768 a 1.773 do Código Civil, entendemos que tal revogação não atinge as modificações introduzidas pela Lei n. 13.146 de 06 de julho de 2015 (Estatuto da Pessoa com Deficiência). Isto porque esta segunda lei, apesar de vigente *anteriormente* ao novo CPC, foi sancionada em data *posterior* ao novo Código. Além disso, sendo suas disposições *especiais e envolvendo questões de di-*

reito material que têm raízes constitucionais, prevalecem sobre as normas processuais gerais. Anote-se, por fim, que a previsão de revogação referia-se aos artigos *sem as alterações introduzidas pelo novo Estatuto*, não tendo havido – até mesmo por incompatibilidade temporal -, a revogação destes dispositivos.

[69] Dispõe o art. 20, da Lei n. 13.146 de 06 de julho de 2015 (Estatuto da Pessoa com Deficiência: "Art. 20. As operadoras de planos e seguros privados de saúde são obrigadas a garantir à pessoa com deficiência, no mínimo, todos os serviços e produtos ofertados aos demais clientes"

[70] Constituem tais exceções: I – tratamento clínico ou cirúrgico experimental, assim definido pela autoridade competente; II- procedimentos clínicos ou cirúrgicos para fins estéticos, bem como órteses e próteses para o mesmo fim; III – inseminação artificial; IV – tratamento de rejuvenescimento ou de emagrecimento com finalidade estética; V – fornecimento de medicamentos importados não nacionalizados; VI- fornecimento de medicamentos para tratamento domiciliar; VII – fornecimento de próteses, órteses e seus acessórios não ligados ao ato cirúrgico; VIII – procedimentos odontológicos, salvo o conjunto de serviços voltados à prevenção e manutenção básica da saúde dentária, assim compreendidos a pesquisa, o tratamento e a remoção de focos de infecção dentária, profilaxia de cárie dentária, cirurgia e traumatologia bucomaxilar; IX – tratamentos ilícitos ou antiéticos, assim definidos sob o aspecto médico, ou não reconhecidos pelas autoridades competentes; X – casos de cataclismos, guerras e comoções internadas, quando declaradas pela autoridade competente.

[71] *Planos de Saúde*, p. 119. São Paulo: RT, 2007.

[72] *Planos de Saúde*, p. 10. São Paulo: Ícone, 2008.

[73] *Direito Administrativo Brasileiro*, 25ª ed., p. 172. São Paulo: Malheiros Editores, 2000

[74] RESOLUÇÃO NORMATIVA - RN Nº 211, DE 11 DE JANEIRO DE 2010 já não prevê mais limitação de dias para internação psiquiátrica. Revogou a Resolução n. 11 do CONSU que introduziu, a nosso ver também de modo ilegal, aquela limitação.

[75] SILVA NETO, Oldack Alves da. *O benefício de prestação continuada e a (in) constitucionalidade da exigência de renda per capita inferior a 1/4 do salário mínimo*. Conteúdo Jurídico, Brasília-DF: 17 jun. 2013. Disponível em: http:// www.conteudojuridico.com.br. Acesso em: 06 jun. 2016

[76] A regulamentação do auxílio-inclusão é objeto do projeto de lei da câmara n. 11.098/2018. Inteiro teor: https://www.camara.leg.br/proposicoesWeb/ prop_mostrarintegra;jsessionid=6B9ECB2B254BE18D0B4822229825F4F3. proposicoesWebExterno2?codteor=1696752&filename=PL+11098/2018